絶対

『英語の耳』になる!
リスニング50のルール

長尾和夫＋アンディ・バーガー ●著

三修社

はじめに

　ネイティヴの英語はどうして聴き取りにくいのでしょうか？
　例えば、CNNなどのニュースを聴くときにも、アメリカの人気ドラマシリーズを観るときにも、みなさんは、ニュースのアンカーやドラマの俳優たちが「ベラベラ」しゃべっていると感じているのではないでしょうか？　例えば、みなさんの耳には、次のような言葉が彼らの口からどんどん流れては溢れ出しているように聴こえてはいませんか？

「オニ」、「イナー」、「アザッ」、「ゴナ」、「アウダ」
「バディッ」、「スゴナ」、「スカイナライカ」

　実は、いま紹介した「オニ」や「バディッ」などは、実際にネイティヴが話している発音をそのまま日本語のカタカナに置き換えてみたものです。
　もちろん、カタカナでは表現し尽くせない微妙な発音なのですが、彼らがあまりに「ベラベラ」と話すために、日本人の耳には、元々の単語とは似ても似つかない発音に聴こえてしまっているのです。これはカタカナ表記からも十分に伺えるものと思います。

　実は、このネイティヴ独特の「ベラベラ」をこそ、本書では、みなさんに克服してほしいと思っているのです。「ベラベラ」が「ベラベラ」に聴こえなくなる。元の音声が推測できるようになる。どんな音が省略されているのか、変化しているのか、それがわかるようになる。そのための教材として本書は存在意義を発揮するものです。

　みなさんは、これらのフレーズをはじめて耳にしたとき、それが実際にはどういった英語なのか即座に判断がつくでしょうか？
　これらはいずれも非常にシンプルな中学生でも知っている単語が組み合わされたものばかりです。
　しかし、それほど単純なのに、何度、繰り返し聴いてもさっぱりわからない。それは、ネイティヴが、元の単語の音を大きく変化させながら話をしているからにほかなりません。言い換えれば、ネイティヴが、みなさんの予測とは、まったく異なる発音で話しているからなのです。

ここで、前頁の問題の正解をチェックしてみましょう。

「オニ」	☞	on it
「イナー」	☞	in her
「アザッ」	☞	at that
「ゴナ」	☞	going to
「アウダ」	☞	out of
「バディッ」	☞	but it
「スゴナ」	☞	it's going to
「スカイナライカ」	☞	it's kind of like a

　ネイティヴが話しているこれほど単純なフレーズも、われわれ日本人の耳には、摩訶不思議な呪文のように聴こえてきます。
　しかし、そこには理由があるのです。なぜ、「ベラベラ」と聴こえるのか、それは、ネイティヴが単語を連続して話すときに、多種多様な音声変化が生じているからにほかなりません。
　例えば、上の例に挙げた on it というフレーズは、ネイティヴ発音では、it の t の音が完全になくなってしまいます。さらに、on［オン］と it の［イ］という音が混じり合って「オニ」と1語のように聴こえてくるのです。
　日本語でも、
　「うるせー」
　という文句が、口早に話されるときには
　「うっせー」
　と変化したりしますが、そのような変化が日本語以上に頻繁に生じているのが生のネイティヴ・スピーカーの英語の発音なのです。

　しかし、われわれ日本人だってバカではありません。何度も、同じ音声変化の特徴を聴く練習を繰り返せば、その音がどのような単語の組み合わせから変化したものかは、十分にカラダが理解してくれるようになります。これまで、みなさんはそんな練習をしたでしょうか？　いえ、してこなかったはずです。あるいは、少なくとも、多くの練習を、このトレーニングにあててはこなかったのではないでしょうか。

本書では、このネイティヴのベランメェ調の発音を聴き取るための十分な特訓を行ってもらうために、全部で 1,500 以上の音変化の実例を CD に収録しました。

　特に、英語で音声変化を頻繁に生じさせるのは、機能語と呼ばれる付属的な言葉がほかの単語を結びつく場面です。

　例えば、in, on などの前置詞、he, she, it などの代名詞、can, may, should などの助動詞などの機能語による英語の音声変化を本書の前半、Chapter 1 で取り上げました。

　後半の Chapter 2 では、単語 1 語の中で起こる音変化に焦点を当て、特徴的で頻繁に生じる変化をみなさんに体感していただけるように心がけたつもりです。

　さあ、本書を使って十分な耳慣らしをしてください。ネイティヴの発音における音声変化の特徴は、一度知ってしまえばそれほど難しいものでも、怖いものでもないのです。

　本書はもちろん、学生や社会人の方向けに書かれてはいますが、昨今、口語的になってきている大学入試の出題傾向を考えれば、受験生の方々にも大いに利用してもらえるものと思います。

　ぜひ本書を、ネイティヴとの会話、あらゆる英語メディアからの情報取得などに、大いに役立てていただければ、著者としてこれ以上の幸いはありません。

2008 年 9 月吉日
A+Café 代表　長尾和夫

CONTENTS

はじめに …………………………………………… 3
本書の使い方 ……………………………………… 8

Chapter 1
フレーズの発音変化

01	●	be のルール ① …………………………………	12
02	●	be のルール ② …………………………………	17
03	●	be not のルール ………………………………	22
04	●	Be ...? のルール ………………………………	27
05	●	don't のルール …………………………………	31
06	●	Do ...? と Has ...? のルール ………………	35
07	●	been のルール …………………………………	39
08	●	has と have のルール ………………………	45
09	●	can と could のルール ………………………	49
10	●	Can ...? と Could ...? のルール …………	54
11	●	will と would のルール ………………………	58
12	●	Will ...? と Would ...? のルール …………	63
13	●	may と should のルール ……………………	67
14	●	Shall ...? と Should ...? のルール ………	72
15	●	It ... のルール …………………………………	76
16	●	be going to のルール ………………………	82
17	●	all のルール ……………………………………	87
18	●	about のルール ① ……………………………	92
19	●	about のルール ② ……………………………	96
20	●	at のルール ……………………………………	101
21	●	on と in のルール ……………………………	106
22	●	out のルール …………………………………	110
23	●	with のルール …………………………………	114
24	●	of のルール ① …………………………………	118
25	●	of のルール ② …………………………………	122

26	●	of のルール ③	126
27	●	to のルール ①	130
28	●	to のルール ②	134
29	●	and のルール	138
30	●	but のルール	142
31	●	bring のルール	148
32	●	call のルール	153
33	●	come のルール	157
34	●	love と give のルール	161
35	●	let のルール	165
36	●	need のルール	169
37	●	want のルール	173
38	●	get のルール	178
39	●	take と make のルール	184
40	●	Why のルール	188
41	●	Where と When のルール	193
42	●	What のルール	197
43	●	How のルール	202

Chapter 2
単語の発音変化

44	●	central のルール	210
45	●	rotten のルール	214
46	●	suddenly のルール	218
47	●	lastly と asked のルール	222
48	●	friendly と winter のルール	226
49	●	lady と pretty のルール	230
50	●	actually と suggest のルール	234

本書の使い方

① ユニット番号
ユニットのナンバーを表示。

② ユニットタイトル
そのユニットで扱う単語やフレーズが、そのままタイトルになっています。

③ 音声変化のルール解説
ユニットで取り上げた項目に関する音声変化のルールを簡潔にまとめ、さらに変化の重要なポイントを箇条書きで抜き出してあります。

④ 練習１：フレーズを CD で聴いてみよう！
5～10 程度のフレーズや単語の音声変化をカタカナで示すと同時に、そのフレーズでの音声変化の仕組みを、個別に解説。どのようにカタカナ表記のような音に変化していくのか、その詳細がわかるようになっています。変化前と変化後、それぞれのネイティヴ音声を CD に収録。

⑤ 練習2：聴き取り大特訓！
練習1で取り上げた5〜10のフレーズの音声変化がわかる例文を、それぞれ5センテンス以上用意しました。異なる文の中での同一の音声変化の様子を繰り返し学習することで、実戦的な聴き取り特訓を行うことができます。
CDには、練習2の全音声を収録。

⑥ Skitで聴いてみよう！
練習1と練習2で聴き取りトレーニングを行ったフレーズや単語の音声変化を、スキット（ダイアログ）の中で聴き取る練習をします。自然な会話の中での英語の音声変化に、しっかりと耳慣らししましょう。
CDには、スキットの全音声を収録してあります。

装丁：一柳茂（クリエーターズユニオン）
編集協力：A+Café

Chapter 1
フレーズの発音変化

01 ··· be のルール ①

be は前にくる助動詞などといっしょになって変化します。特に前にくる助動詞の語尾の音が消失することに注意しましょう。また、be はたいてい音が弱くなり、「ビー」ではなく、「ビ」のように聴こえます。

[1] be の音は弱まって「ビ」と聴こえる。
[2] can や could など助動詞の最後の音が消えてしまう。
[3] couldn't や won't の最後の t の音がなくなる。
[4] won't などは、最後の n't の音がなくなることもある。

練習1　❶～❼ のフレーズを CD で聴いてみよう！

❶ **can be**　➡ キャビ
　……can の n の音が消えたり弱くなったりする。ほとんどの場合 be の発音は「ビ」と弱く短くなる。以下の項目も同様。

❷ **can't be** 　➡ キャンビ
　……can't の t の音がなくなってしまう。肯定文の can be のように聴こえるので、注意が必要だ。

❸ **could be** 　➡ クッビ
　……could の d の音が脱落する。

❹ **couldn't be** ➡ クドゥンビ
　……couldn't の末尾の t の音が消える。

❺ **will be** 　➡ ウィビ
　……will be の l の音が弱くなる、あるいはなくなってしまい、「ウィビ」のように聴こえる。

❻ **won't be** 　➡ ウォウビ
　……won't be の t だけ、あるいは n't の音がなくなり、「ウォウンビ」、「ウォウビ」のように聴こえる。

❼ **would be** 　➡ ウッビ
　……would の d の音が消失する。

練習2　聴き取り大特訓！
音変化に注意しながら、次のセンテンスを聴き取ろう！

❶ can be　　　　　　　　　　　　　　キャビ

- If we leave now, we **can be** home by eleven.
  いま出れば、11時までには帰れるよ。
- That **can be** our Plan B if our first plan fails.
  最初のプランがうまくいかなかったら、それをプランB（代案）にしてもいいね。
- I **can be** a pretty good cook when I have enough time.
  時間があるときなら、私もけっこういいシェフになれるんだよ。
- You **can be** a real charmer sometimes!
  君、たまにとっても魅力的なことをするね！
- This **can be** a good chance to spend time with the kids.
  これは子供たちと時間を過ごすいいチャンスになるね。

❷ can't be　　　　　　　　　　　　　キャンビ

- That **can't be** right! Your figures must be off!
  そんなはずはない！君の数字が間違っているはずだ。
- I **can't be** in two places at one time!
  僕は2カ所に同時にいることなんてできないよ！
- The appointment **can't be** on Tuesday, because I'm busy all day.
  予約を火曜日にするのは無理だ。その日は一日忙しいんだ。
- We **can't be** talking about the same person!
  私たち、同じ人の話をしているはずがないわ。
- This **can't be** the same picture I saw yesterday.
  これが昨日見た写真と同じなんてはずはないよ。

❸ could be　　　　　　　　　　　　　クッビ

- You **could be** a little more polite to her!
  彼女にもう少し礼儀正しくしてもいいんじゃない？
- Do you think you **could be** finished by three pm?
  午後の3時までに終わらせられると思う？

- That **could be** my favorite movie of all time!
  それ、私のいちばん好きな映画かも！
- I think I **could be** there around lunch time.
  たぶんお昼頃にはそっちにたどり着けると思うよ。
- He **could be** the best pitcher we've ever had on our team.
  彼は、うちのチームに在籍したピッチャーでは、最高かもしれない。

❹ couldn't be　　　クドゥンビ

- I **couldn't be** in charge of such a large organization.
  そんな大きな団体を管理することなんて、私にはできないよ。
- We cancelled the trip because it **couldn't be** arranged in time.
  その旅行は、手配が間に合わなかったため、キャンセルした。
- It's too bad it **couldn't be** on a day we all could attend.
  みんなが参加できる日にできなくて残念だ。
- We **couldn't be** together for a whole year.
  まる1年間、いっしょにいることができなかった。
- Unfortunately, she **couldn't be** here to join us.
  残念ながら、彼女はここに来ることができなかった。

❺ will be　　　ウィビ

- It **will be** a perfect way to celebrate her birthday!
  彼女の誕生日を祝うのにぴったりの方法だ！
- I don't think that **will be** a good time to ask your boss for a raise.
  上司に昇給を希望するにはあまりいいタイミングじゃないと思うよ。
- I **will be** ready in a few more minutes.
  あと数分で準備できるよ。
- This **will be** my first time to try a martini.
  マティーニを飲むのは、これがはじめてだ。
- He **will be** an important addition to our staff.
  彼は、うちのスタッフの重要な補強になるだろう。

❻ won't be　　　　ウォウビ

- I'm afraid I **won't be** able to come.
  残念ながら私は行けなさそうだ。

- My boss **won't be** happy about these sales figures!
  うちの上司はこの売上高にいい顔はしないぞ！

- She's afraid she **won't be** able to get into a good school.
  彼女はいい学校に行けないことを心配している。

- That **won't be** the best place to meet, because it's so crowded.
  その場所はとても混んでるから、待ち合わせにはよくない。

- I **won't be** satisfied unless I get a promotion.
  昇進させてもらうまでは満足できない。

❼ would be　　　　ウッビ

- I think that **would be** the best solution.
  それがいちばんの解決法だと思う。

- He **would be** the perfect actor for that role.
  その役には彼がいちばんの俳優だと思う。

- If you order more, I **would be** able to give you a discount.
  もっと注文してくだされば、割り引きできますよ。

- He **would be** my first choice, if he were running.
  彼が出馬していれば、彼が私の第一の選択肢だな。

- It **would be** great if you could let me know by tomorrow.
  明日までに知らせてくれると、とてもうれしいです。

Skitは次ページに ➡

Skit で聴いてみよう！

● 打ち合わせの連絡をする

A: Do you think you **can be** here early to help me prepare for the meeting?
B: I guess so. But then I **won't be** able to stay until the end.
A: That's okay. It **would be** great if you could come around six.
B: The traffic **will be** pretty crowded then, but I'll try.
A: Thanks! It's too bad the meeting **couldn't be** on another day.
B: Yeah, but we **can't be** too picky. They are the client, after all.

A: ミーティングの準備の手伝いに、早く来られる？
B: たぶんね。でもそれなら、最後まではいられないよ。
A: いいわよ。6時ぐらいに来てもらえるとうれしいんだけど。
B: その時間はけっこう混雑しているだろうけど、がんばってみる。
A: ありがとう！ミーティングを別の日にできなくて残念だったわ。
B: そうだね。でもあまりうるさいことは言えないよね。結局、相手はうちのクライアントだから。

02 be のルール ②

be 動詞の前にくる助動詞はたくさんありますので、もう少し be 動詞の聴き取りのコツをお話ししていきます。ここでも、be はたいてい音が弱くなり、「ビー」ではなく、「ビ」のように聴こえます。

[1] 否定文の t の音は、ほとんどの場合なくなってしまう。
[2] should や might の d や t の音も消失する。
[3] be の音は「ビ」と短く弱く聴こえる。

練習 1　❶〜❻のフレーズを CD で聴いてみよう！

❶ **wouldn't be** ➡ ウドゥンビ
……wouldn't の t の音が脱落してしまう。

❷ **may not be** ➡ メイナビ
……not の t の音がなくなり、「ナ」のように聴こえるため、全体では「メイナビ」のように聴こえる。

❸ **might be** ➡ マイビ
……might の t の音が脱落し、「マイビ」と聴こえる。

❹ **might not be** ➡ マイナビ
……might と not のそれぞれの t の音が脱落し、「マイナビ」と聴こえる。

❺ **should be** ➡ シュッビ
……should の d の音がなくなり、「シュッビ」と聴こえる。

❻ **shouldn't be** ➡ シュドゥンビ
……shouldn't の t の音が消え、全体では「シュドゥンビ」のように聴こえる。

練習2 聴き取り大特訓！
音変化に注意しながら、次のセンテンスを聴き取ろう！

❶ wouldn't be　　　　　　　　　　　ウドゥンビ

- That **wouldn't be** the first time I've had to work past the last train.
  終電以降まで働かなくちゃならないのは、いまに始まったことじゃない。
- You **wouldn't be** so happy if you knew the whole truth!
  すべての真相を知ったら、そんなによろこばないと思うよ！
- It's okay with me, but it **wouldn't be** fair to the others.
  私はいいけど、ほかの人たちに悪いよ。
- The jacket is nice, but that **wouldn't be** my choice of shirts.
  そのジャケットはいいけど、私だったらそのシャツは選ばないな。
- It **wouldn't be** so hot if you would open a window.
  窓を開ければ、こんなに暑い思いをしなくてすむよ。

❷ may not be　　　　　　　　　　　メイナビ

- That **may not be** the quickest way to get to the airport.
  それは空港まで行くいちばん早い方法じゃないかもしれないよ。
- I **may not be** able to be there at the start, but I can come later.
  始まる時間には行けないかもしれないけど、あとから行けるよ。
- He **may not be** brilliant, but he's a really hard worker.
  彼は才気あふれる人じゃないかもしれないけど、とてもよく働く人だ。
- We **may not be** able to finish this on time.
  これは、時間どおりに終えられないかもしれない。
- She **may not be** the best person to ask about this.
  彼女は、これをたずねるのに最適な人じゃないかも。

❸ might be　　　　　　　　　　　マイビ

- I **might be** a little late getting home tonight.
  今夜帰るのが少し遅くなるかもしれない。
- Dave **might be** a better choice for the promotion.
  デイヴのほうが昇進させるのにはいい候補じゃないかと思うよ。

- That **might be** a better choice of wine to go with your meal.
  そのワインのほうがあなたのお食事に合うかもしれません。
- That **might be** the smartest thing you've ever said!
  いままで君が発言したなかで、いちばんかしこいことだったかもしれないぞ！
- I **might be** in Los Angeles next week.
  来週はロサンゼルスにいるかもしれない。

❹ might not be　　　マイナビ

- We **might not be** able to get seats unless we make reservations.
  予約しないと席を確保できないかもしれないよ。
- The client **might not be** willing to extend the deadline.
  クライアントは締め切りを延ばしてくれる気はないかもしれない。
- I **might not be** able to send you an email until this afternoon.
  今日の午後にならないとあなたにメールを送れないかもしれません。
- The report **might not be** finished by then.
  それまでにレポートが終わっていないかもしれない。
- It **might not be** a good idea to keep them waiting.
  彼らを待たせるのはよくないかもしれない。

❺ should be　　　シュッビ

- I wonder where he is. He **should be** home by now.
  彼はどこにいるんだろう。もう帰ってきているべきなのに。
- We **should be** heading home pretty soon.
  もうそろそろ帰らないと。
- Five thousand yen **should be** enough.
  5,000円で足りるはずだ。
- We **should be** really polite to our guests.
  われわれは、お客さんにとてもていねいにすべきだ。
- That color **should be** changed to something brighter.
  色をもっと明るいものに変えたほうがいい。

❻ shouldn't be　　　　　　　　　　　シュドゥンビ

- It **shouldn't be** too difficult if we all work together.
  みんなで協力すればあまり難しくないはずだ。
- He **shouldn't be** in such a hurry all the time!
  彼はいつも焦ってばかりいないほうがいいよ！
- You **shouldn't be** able to open the file without a password.
  パスワードなしでは、ファイルを開けられないはずだ。
- The rainy season **shouldn't be** starting so early.
  梅雨がこんなに早く始まるべきではない。
- We **shouldn't be** afraid to say our opinions strongly.
  われわれの意見を強く主張することを恐れる必要はない。

Skit…で聴いてみよう！

● 空港からの乗り物は？

A: Hi. I'm at the airport. I **should be** at the hotel in a couple of hours.
B: Thanks for calling. I was afraid your plane **wouldn't be** on time.
A: Should I rent a car or take a taxi? I **might not be** able to find my way if I drive.
B: It **shouldn't be** too difficult. Just take the freeway and head downtown.
A: Okay. I'll rent a car.
B: On second thought, it **might be** a little confusing. Just take a taxi. You can rent a car in town if you need to.
A: Yeah, that **may not be** such a bad idea. I'm really tired!

A: もしもし。いま空港。ホテルには2時間ほどで着くはずよ。
B: 電話ありがとう。飛行機が遅れているんじゃないかと思ったよ。
A: レンタカーを借りたほうがいい？ それともタクシー？ 自分で運転したら迷子になるかも。
B: 難しくないはずだよ。高速道路に乗って中心街に向かえばいいだけだから。
A: わかった。レンタカーを借りるね。
B: でも考えてみたら少しわかりにくいかも。タクシーに乗ったほうがいいよ。必要だったら街でレンタカーを借りればいいよ。
A: そうね。そのほうがいいかもしれない。すごく疲れてるから！

03 be not のルール

代名詞の主語と be 動詞の否定形が組み合わさったときにも、英語では頻繁に音の変化が起きます。音の変化を耳とカラダに刻み込みましょう。

[1] 主語になる、you, they, we などは、弱く発音される。
[2] 否定の not の t 音はほとんどの場合、なくなってしまう。
[3] isn't は「イズン」と「ン」で終わり、is not は「イズナ」と「ナ」で終わる音になる。
[4] 上のルールは、are, was, were などの否定形にもあてはまる。

練習1　❶〜❽のフレーズを CD で聴いてみよう！

❶ **I am not** ➡ アイムナ
……I am は「アイム」と短縮され、not は「ナ」の音だけが残る。

❷ **You aren't / You're not** ➡ ユーアン／ユアナ
……you は「ユ」と弱まる場合がある。You aren't は「ユーアン」、You're not の場合は「ユアナ」と発音される。

❸ **They aren't / They're not** ➡ ゼィアン／ゼアナ
……② と同様の音声の変化が起こる。

❹ **We aren't / We're not** ➡ ウィアン／ウィアナ
……これも、上と同じく、「ン」と「ナ」の2パターンの発音がある。

❺ **He isn't / He's not** ➡ ヒー イズン／ヒズナ
……He isn't では、「ヒー・イズン」とポーズが入る。He's not は「ヒズナ」。

❻ **She isn't / She's not** ➡ シー イズン／シズナ
……代名詞部分が変わるだけで、あとは ⑤ と同様のルールで聴こえる。

❼ **I/He/She wasn't** ➡ アイ［ヒー／シー］ワズン
……wasn't の t 音が脱落して、「ワズン」と聴こえる。

❽ **You/We/They weren't** ➡ ユー［ウィ／ゼィ］ワーン
……weren't の t 音が脱落して、弱く「ワーン」と聴こえる。

練習2　聴き取り大特訓！
音変化に注意しながら、次のセンテンスを聴き取ろう！

❶ I am not　　　　　　　　　　　　　アイムナ

- **I am not** ready yet.
  まだ準備ができてないわ。
- **I am not** usually this shy.
  ふだんはこんなに人見知りしないんだけど。
- **I am not** as stupid as you think I am!
  私はあなたが思うほどバカじゃないんだぞ！
- **I am not** interested in what he thinks.
  彼がどう思っているかなんて興味ない。
- **I am not** the best person to ask about this.
  この件で僕にたずねるのは最適ではないよ。

❷ You aren't / You're not　　　　　ユーアン／ユアナ

- **You aren't** in a big hurry, are you?
  急いでいるわけじゃないよね？
- **You aren't** going to tell my mom, are you?
  私のお母さんに言ったりしないよね？
- **You're not** in a big hurry, are you?
  急いでいるわけじゃないよね？
- **You're not** going to tell my mom, are you?
  私のお母さんに言ったりしないよね？
- **You're not** telling me the truth!
  あなた正直に話してないわ！

❸ They aren't / They're not　　　　ゼィアン／ゼィアナ

- **They aren't** as good as they used to be.
  あそこは前ほどよくなくなってしまった。
- **They aren't** going to make a presentation this time.
  彼らは今回のプレゼンテーションはしない。
- **They aren't** ready yet.
  彼らはまだ準備できていない。

- **They're not** as good as they used to be.
  あそこは前ほどよくなくなってしまった。
- **They're not** going to make a presentation this time.
  彼らは今回のプレゼンテーションはしない。

❹ We aren't / We're not　　ウィアン／ウィアナ

- **We aren't** used to this hot weather!
  私たちはこの暑い陽気に慣れていないの！
- **We aren't** going to miss the train, are we?
  俺たち、電車に乗り遅れないよね？
- **We're not** used to this hot weather!
  私たちはこの暑い陽気に慣れていないの！
- **We're not** going to miss the train, are we?
  俺たち、電車に乗り遅れないよね？
- **We're not** as busy as we were last year.
  去年ほどは忙しくないよ。

❺ He isn't / He's not　　ヒー イズン／ヒズナ

- **He isn't** very friendly.
  彼はあまりフレンドリーじゃない。
- **He isn't** my boyfriend.
  彼は私のボーイフレンドじゃないわ。
- **He's not** very friendly.
  彼はあまりフレンドリーじゃない。
- **He's not** my boyfriend.
  彼は私のボーイフレンドじゃないわ。
- **He's not** taller than me.
  彼は私より背が高くない。

❻ She isn't / She's not　　シー イズン／シズナ

- **She isn't** the best person for the job.
  彼女はこの仕事に最適ではない。
- **She isn't** on the list.
  彼女はリストに載っていない。

- **She's not** the best person for the job.
  彼女はこの仕事に最適ではない。
- **She's not** on the list.
  彼女はリストに載っていない。
- **She's not** going to go until tomorrow.
  彼女は明日までは行かないよ。

❼ I/He/She wasn't　　アイ［ヒー／シー］ワズン

- **I wasn't** able to stay as late as I wanted.
  私は望んでいたほど遅くまでいられなかった。
- **I wasn't** as polite as I should have been.
  私は、もっと礼儀正しくするべきだった。
- **He wasn't** as handsome as I remembered.
  彼は記憶に残っていたほどハンサムじゃなかった。
- **She wasn't** even surprised when I called.
  電話したとき彼女は驚きもしなかった。
- **She wasn't** aware that I was listening.
  彼女は私が聞いていることに気づいていなかった。

❽ You/We/They weren't　　ユー［ウィ／ゼイ］ワーン

- **You weren't** serious about that, were you?
  あの話、まじめに言ってたわけじゃないよね？
- **You weren't** given enough support.
  あなたは十分なサポートを与えられなかった。
- **We weren't** satisfied with the restaurant.
  われわれはそのレストランに満足しなかった。
- **We weren't** told about it until just now.
  私たちは、たったいままで、そのことについて聞かされていなかった。
- **They weren't** crazy about the idea.
  彼らはそのアイデアにあまり乗り気じゃなかった。

Skit は次ページに ➡

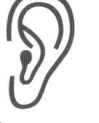

● コンサートに遅れちゃうよ！

A: **I'm not** ready yet.
B: What do you mean, **you're not** ready? **We're not** going to be on time for the concert!
A: Don't worry! **They're not** going to begin right at seven.
B: They might. Besides, I don't want to miss the conductor's opening remarks.
A: What's the big deal? **He's not** a very good speaker anyway.
B: If I had known **you weren't** interested in going, I wouldn't have bought tickets.
A: I didn't say I **wasn't** interested! I just need a little more time!

A: まだ準備できないのよ。
B: 準備できていないってどういうことだよ？ コンサートに遅れるじゃないか！
A: 心配しないで。きっかり7時に始まるわけじゃないんだから。
B: 始まるかもしれないだろう。それに、指揮者の挨拶を聞き逃したくないんだ。
A: たいしたことじゃないじゃない。彼はそんなに話が上手じゃないし。
B: 君が興味ないってわかってたら、チケットなんて買わなかったよ。
A: 興味がないとは言ってないでしょ！ あと少し時間が必要なだけだよ！

04 Be...? のルール

be 動詞の疑問文では、動詞と主語の音が連なって、脱落したり変化したりする現象が頻繁に起こります。何度も聴き直して、しっかりと音声変化の特徴を身につけましょう。

[1] be 動詞＋主語の 2 語はまるで 1 語であるかのように、短く軽く発音されることが多い。
[2] is, are, was などは、後ろの主語と連なって聴こえる。
[3] 連なるときに、動詞の最後の音や主語の頭の音が抜け落ちることがある。

練習 1　❶〜❻のフレーズを CD で聴いてみよう！

❶ **Is he** ➡ イズィー
……he の h の音が脱落する。「イズ」＋「イー」で「イズィー」と聴こえる。

❷ **Is she** ➡ イシー
……Is の「ズ」の音が脱落して she に連なるので、「イシー」のような発音になる。

❸ **Are you** ➡ アユ
……「アーユー」と伸ばすのではなく、「アユ」に近い発音になる。

❹ **Was he** ➡ ワズィー
……he の h 音がなくなり、「イー」がその前の s［ズ］の音と混じる。

❺ **Was she** ➡ ワシー
……was の「ズ」の音が脱落して she に連なるので、「ワシー」と聴こえる。

❻ **Were you** ➡ ワユ
……「ワーユー」ではなく、「ワユ」に近い発音がなされる。

練習 2 聴き取り大特訓！
音変化に注意しながら、次のセンテンスを聴き取ろう！

❶ Is he　　　　　　　　　　　　　　イズィー

- **Is he** the guy you were telling me about?
  あれが、前にあなたが私に話していた男の人？
- **Is he** ready for his interview tomorrow?
  彼、明日の面接の準備はできてるの？
- **Is he** still working for the same company?
  彼はいまもまだ同じ会社で働いているの？
- **Is he** sure about the train schedule?
  彼、電車の時刻表、ほんとうにわかってるの？
- **Is he** going to bring his girlfriend?
  彼、彼女を連れてくるの？

❷ Is she　　　　　　　　　　　　　　イシー

- **Is she** back from the dentist yet?
  彼女、もう歯医者から戻ったの？
- **Is she** planning on staying the whole weekend?
  彼女、週末中いるつもりなの？
- **Is she** a good boss?
  彼女はよい上司ですか？
- **Is she** your daughter?
  彼女はあなたの娘さんですか？
- **Is she** always the show's host?
  彼女、いつもこのショーの司会者なの？

❸ Are you　　　　　　　　　　　　　アユ

- **Are you** finished with your homework?
  宿題は終わったの？
- **Are you** coming to the barbecue?
  バーベキューには来るの？
- **Are you** getting enough sleep?
  あなた、ちゃんと寝てるの？

- **Are you** talking to me?
  私に話してるの？

- **Are you** traveling alone?
  ひとりで旅をしているんですか？

❹ Was he ワズィー

- **Was he** the first person to show up?
  いちばん最初に来たのは、彼？

- **Was he** excited about his promotion?
  彼、昇進のことをよろこんでた？

- **Was he** as handsome in person as he is on TV?
  実際の彼、テレビで見るくらいハンサムだった？

- **Was he** able to get us a reservation?
  彼、私たちのために予約を取ることはできた？

- **Was he** in a good mood when he came home?
  彼が帰ってきたとき、機嫌はよかった？

❺ Was she ワシー

- **Was she** always such a good student?
  彼女、前からこんなにいい生徒でしたか？

- **Was she** disappointed that she didn't make the team?
  チームのメンバーに選ばれなくて、彼女は残念がってた？

- **Was she** the one who always turned in her assignments late?
  いつも宿題を遅れて提出していたのは彼女かい？

- **Was she** feeling better the last time you saw her?
  最後に会ったとき、彼女は具合よくなってた？

- **Was she** able to get ahold of you?
  彼女は、あなたと連絡が取ることできましたか？

❻ Were you ワユ

- **Were you** trying to call me last night?
  昨日の夜、私に電話した？

- **Were you** listening to what I said?
  私が言ったこと、聞いてた？
- **Were you** still living with your parents then?
  そのとき、君はまだご両親といっしょに住んでたの？
- **Were you** the person I spoke to on the phone?
  私が電話で話した相手はあなたでしたか？
- **Were you** able to sleep during last night's earthquake?
  昨日の夜の地震の間は、寝ることができた？

● 友人の帰国予定をたずねる

A: Hey, **were you** trying to call me yesterday?
B: Yeah, to ask about your sister. **Is she** back from her trip?
A: Yeah. She got back a few days ago.
B: Just a few days ago? How long **was she** overseas?
A: Almost three weeks. She was visiting Ken.
B: Oh, **is he** still living in New York?
A: Yes. Hey, **Are you** free this weekend? I'm planning a welcome home party!
B: That sounds great! I'll be there!

A: あのさー。昨日、電話した？
B: うん。君の妹のことについてきこうと思って。もう旅行から帰ったの？
A: うん。何日か前に戻ったわよ。
B: ほんの数日前？ 海外にどのくらいいたの？
A: ほぼ3週間。ケンに会いにいってたんだ。
B: そうか。彼はまだニューヨークに住んでるの？
A: うん。そうだ。今週末は暇？「お帰りなさいパーティー」をしようと思うの。
B: いいね！ 行くよ！

05 don'tのルール

　一般動詞の否定文に登場する、don't や doesn't, didn't の音も多様に変化して聴こえます。don't を例に取ると、t の音だけが落ちる場合や、nt の音が抜けてしまう場合の2通りがあるので注意が必要です。

[1] don't, doesn't, didn't の否定部の t の音が脱落する。
[2] don't は否定部の nt の音が脱落することもある。
[3] doesn't は否定部の z の音も弱まったり、なくなるときがある。
[4] didn't は「ディドゥン」からさらに「ドゥ」の音が落ち、「ディン」と聴こえることがある。

練習1　❶〜❹のフレーズを CD で聴いてみよう！　

❶ **don't**　➡ ドン／ドウ
……don't は、軽く「ドン」と発音されることがある。「ドン」からさらに、末尾の n の音が落ち、「ドウ」と発話されることもある。

❷ **doesn't**　➡ ダズン／ダン
……「ダズント」の t の音が抜け、「ダズン」と発音される。「ダズン」から、さらに z の音が脱落して「ダン」と聴こえる場合もある。

❸ **didn't**　➡ ディドゥン
……末尾の t が抜け落ち「ディドゥン」と聴こえる。

❹ **didn't**　➡ ディン
……「ディドゥン」からさらに「ドゥ」の音が落ちてしまい、「ディン」と聴こえることがある。

練習2 聴き取り大特訓！
音変化に注意しながら、次のセンテンスを聴き取ろう！

❶ don't — ドン／ドゥ

- I **don't** know how to use this program.
  このプログラムの使い方がわからない。
- You **don't** recognize me, do you?
  私のことがわからないようですね？
- We **don't** arrive for another two hours.
  私たちは、あと2時間は着きません。
- They **don't** seem to be open.
  開店してないようですね。
- I **don't** remember what time we agreed to meet.
  何時に会おうと決めたか覚えていない。
- You **don't** have to go to so much trouble!
  そこまでやらなくてもいいですよ！
- We **don't** make that model anymore.
  その型はもう作っていません。
- They **don't** put that on the menu anymore.
  それはもうメニューに載せていません。

❷ doesn't — ダズン／ダン

- He **doesn't** spell his name the same as me.
  彼の名前のつづりは私のとは違います。
- She **doesn't** want to have children until her thirties.
  彼女は30代になるまで子供は欲しくない。
- He **doesn't** write much on his blog these days.
  彼は最近あまりブログに書き込んでいません。
- He **doesn't** think it's a good idea.
  彼は、それがいい考えだと思っていない。
- She **doesn't** feel that it's the right choice.
  彼女はそれが正しい選択だと感じていない。

❸ didn't　　　　　　　　　　　　　　　ディドゥン

- I **didn't** give you my name card yet.
  まだあなたに名刺を渡していませんでした。
- You **didn't** tell me you had two kids!
  子供がふたりいるなんて言わなかったじゃない！
- He **didn't** make a very good impression on her.
  彼は彼女にあまりいい印象を与えなかった。
- She **didn't** sign the contract in the right place.
  彼女は契約の正しい位置にサインしなかった。
- We **didn't** spend much time on the beach.
  私たちはあまり浜辺で時間を過ごさなかった。
- They **didn't** offer us a ride home.
  彼らは車で送ってくれると言わなかった。

❹ didn't　　　　　　　　　　　　　　　ディン

- I **didn't** have anything to eat last night.
  昨夜はなにも食べなかった。
- You **didn't** send me an email like you promised to.
  君は約束どおりにメールをくれなかった。
- He **didn't** order enough food for everybody.
  彼は全員に足りる量の食事を注文しなかった。
- She **didn't** think enough about it.
  彼女はそのことについてしっかり考えなかった。
- We **didn't** know it was so crowded on weekends.
  週末にあんなに混雑してるとは知らなかった。
- They **didn't** have my favorite brand of beer.
  私の好みのビールのブランドを置いていなかった。

Skitは次ページに ➡

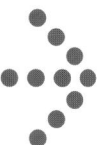 **Skit** で聴いてみよう!

● ソフトウェアを動かしたい

A: I **don't** know how to use this program. Should I ask Bill?
B: No. He **doesn't** know much about computers.
A: Karen showed me some things, but she **didn't** explain very much.
B: She **doesn't** use that computer very often, so she probably **doesn't** know either.
A: So what should I do?
B: Tom or Jen should know. But they **don't** come back until the afternoon. Just wait.

A: このプログラムの使い方がわからないの。ビルに聞こうかな？
B: いや。彼はコンピューターのことはよく知らないよ。
A: カレンがいくつかやり方を見せてくれたけど、あまりこまかく説明してくれなかったのよ。
B: あのコンピューターはあまり使わないから、たぶん彼女も知らないよ。
A: じゃあ、どうしよう？
B: トムかジェンならわかるはずだよ。でも彼らは午後まで帰らないしね。しばらく待つしかないよ。

06 Do...? と Has...? のルール

ここでは、一般動詞の現在と過去、完了時制の疑問文の中でも、音声変化の大きなものだけを抜粋して紹介します。be 動詞の疑問文と同様、主語と音が混じり合ったり、音の一部が消失したりします。

[1] Do は、母音 o が聴こえない場合がある。
[2] Does/Has の s 音がなくなることがある。
[3] Does/Has の次にくる主語 he の h が脱落することがある。
[4] Did は頭の「ディ」の音が脱落することがある。

練習1　❶〜❻のフレーズを CD で聴いてみよう！

❶ **Do you**　　➡ デュ
……Do はほとんど d の音だけになり、you に連なっていくので、D'you のような音になる。

❷ **Does he**　　➡ ダズィー
……he の h の音が脱落し、直前の s［ズ］と混じる。

❸ **Does she**　　➡ ダシー
……Does の末尾の「ズ」の音が抜け、「ダ」だけになる。

❹ **Did you**　　➡ ジュ
……Did の頭の「ディ」という音が消え、d の音だけが残る。d は次の y の音と混じり（同化という）「ジュ」に近い音になる。

❺ **Has he**　　➡ ハズィー
……②と同様、he の h が脱落する。

❻ **Has she**　　➡ ハシー
……③と同様、Has の s［ズ］の音がなくなってしまう。

練習 2　聴き取り大特訓！
音変化に注意しながら、次のセンテンスを聴き取ろう！

❶ Do you　　　　　　　　　　　　　デュ

- **Do you** remember who sings that song you played for me yesterday?
  昨日私に演奏してくれた歌を歌っている人、だれだか覚えてる？
- **Do you** come here often?
  ここへはよく来るの？
- **Do you** have change for a twenty?
  20ドル、くずせますか？
- **Do you** think we can all fit in one taxi?
  全員、1台のタクシーに乗れると思う？
- **Do you** recommend anything on the menu?
  メニューの中で、なにかお勧めはありますか？

❷ Does he　　　　　　　　　　　　ダズィー

- **Does he** remember how to get here?
  彼、ここまでどうやって来ればいいか覚えてるかな？
- **Does he** have enough time to get it done?
  彼には、それを終わらせる時間はあるの？
- **Does he** make a lot of money doing that?
  彼はその仕事でかなり儲かっているの？
- **Does he** know any good restaurants in Boston?
  彼、ボストンでいいレストランを知ってるかな？
- **Does he** think we did a good job?
  彼は、僕らがいい仕事をしたと思っているかな？

❸ Does she　　　　　　　　　　　　ダシー

- **Does she** want to come with us?
  彼女は私たちといっしょに行きたいと思ってるの？
- **Does she** write all her own songs?
  彼女の歌は全部、自分で書いているの？

- **Does she** play any other instrument besides piano?
  彼女はピアノ以外、なにか楽器を演奏するの？
- **Does she** still have really long hair?
  彼女はいまでも髪の毛がとても長いの？
- **Does she** go to the gym anymore?
  彼女はいまでもジムに通ってる？

❹ Did you   ジュ

- **Did you** remember to turn all the lights off and lock the door?
  電気を全部消して、ドアをロックすることをちゃんと覚えてた？
- **Did you** meet anybody interesting at the party?
  パーティーでおもしろい人と出会った？
- **Did you** have enough time to finish your report?
  レポートを終わらせる時間はあった？
- **Did you** go away last weekend?
  先週、どこか遠くへ行った？
- **Did you** have enough to eat?
  お腹はいっぱいになった？

❺ Has he   ハズィー

- **Has he** told you the news yet?
  彼、もうあなたにニュースを伝えた？
- **Has he** come up with a good plan?
  彼はいいプランを思いついた？
- **Has he** asked you out yet?
  彼、もうあなたをデートに誘ってきた？
- **Has he** shown you his latest painting?
  彼、自分のいちばん最近の絵を見せてくれた？
- **Has he** found a new job yet?
  彼は、もう新しい仕事を見つけたの？

Skit は次ページに ➡

❻ Has she

ハシー

- **Has she** ever lived outside Japan?
  彼女、日本の外に住んだことはあるの？
- **Has she** decided which university she'll go to?
  彼女は、どの大学に行くか決めたの？
- **Has she** told you about her new boyfriend yet?
  彼女から、新しいボーイフレンドのことは聞いた？
- **Has she** found a new apartment?
  彼女、新しいアパートを見つけたの？
- **Has she** bought any new CDs lately?
  彼女、最近、新しい CD は買った？

Skit…で聴いてみよう！

● 好きな俳優の DVD

CD 1-19

A: **Did you** rent any good DVDs?
B: Yeah. **Do you** remember that Korean actor I told you about? I picked up his latest movie.
A: That's nice. **Does he** speak English in it?
B: Of course! It's a Hollywood movie!
A: Really? **Has he** become popular in America?
B: Not yet. He's still pretty unknown.

A: なにか、いい DVD を借りた？
B: うん。この前、韓国人の俳優のこと話したの覚えてる？ 彼の最新作を借りてきたの。
A: いいね。その映画では英語を話してるの？
B: もちろん！ ハリウッド映画だもん。
A: ほんとう？ アメリカで人気が出てきたの？
B: ううん、まだ。いまだにけっこう無名なんだ。

07 been のルール

been は、完了形で前にくる have や has など、あるいはその否定文といっしょになって、発音変化を起こします。ネイティヴが早口に話すと、have や has などの h の音が消えてしまうので日本人には、聴き取りが難しい場合が多いのです。

[1] have, has などの、最初の h の音が消失する。
[2] been は「ビーン」ではなく、短く弱く「ビン」と発音される。
[3] haven't や hasn't などの否定形では t の音も消失する。

練習1　❶〜❾のフレーズを CD で聴いてみよう！　CD 1-20

❶ **have been** ➡ アヴビン／ヴビン
……have の h の音が消え「アヴ」と聴こえる。また「ヴ」の音だけしか残らないこともある。

❷ **have not been** ➡ アヴナビン
……have は h が消え「アヴ」、not は t が消え「ナ」。全体では、「アヴナビン」と聴こえる。

❸ **haven't been** ➡ アヴンビン
……haven't の h と t の音がなくなり「アヴンビン」と聴こえる。

❹ **has been** ➡ アズビン
……has の h の音がなくなり、「アズ」と聴こえる。

❺ **has not been** ➡ ハズナビン／アズナビン
……not の t の音だけが消え「ハズナビン」と発音される場合と、has の h まで消えてしまい、「アズナビン」と聴こえる場合がある。

❻ **hasn't been** ➡ ハズンビン／アズンビン
……hasn't は「ハズン」あるいは「アズン」に変化する。

❼ **had been** ➡ アドゥビン
……had の h の音が消失する。

❽ had not been ➡ アドゥナビン
……had の h の音と、not の t の音が同時に消失し、「アドゥナ」のように聴こえる。

❾ hadn't been ➡ ハドゥンビン／アドゥンビン
……hadn't の t の音だけが消える場合と、h の音までいっしょに消える場合がある。

練習2　聴き取り大特訓！
音変化に注意しながら、次のセンテンスを聴き取ろう！
CD 1-21

❶ have been　　　　アヴビン／ヴビン

- I **have been** to all the main islands of Japan.
  日本の主要な島へは、すべて行ったことがある。

- We **have been** talking about this for a long time.
  われわれはこのことについて長い間話し合っている。

- You **have been** very helpful and considerate to me.
  あなたは私の力になって、思いやりももってくれた。

- I **have been** trying to get ahold of him since yesterday.
  昨日から彼を捕まえようとしているんだ。

- We **have been** sending emails back and forth.
  僕らはメールをやり取りしている。

❷ have not been　　　　アヴナビン

- We **have not been** in touch since high school.
  私たちは高校のとき以来、連絡を取っていない。

- I **have not been** able to reach you by phone or email.
  あなたとは、電話でもメールでも連絡を取れないでいる。

- You **have not been** completely honest with me.
  あなたは私に対して 100 パーセント正直ではありませんね。

- I **have not been** feeling good these last few days.
  ここ数日、あまり気分がよくないのです。

- I **have not been** getting enough sleep.
  このところ十分な睡眠がとれていません。

❸ haven't been　　　　　　　　　アヴンビン

- I **haven't been** there in ages!
  もうずいぶん長い間、あそこには行っていないなあ！
- We **haven't been** to a movie in a long time.
  私たちは長い間、映画を観にいっていない。
- You **haven't been** feeling well, have you?
  このところあまり体調がよくないでしょ？
- We **haven't been** to many places outside Japan.
  日本の外へはあまり行ったことがありません。
- You **haven't been** told about this yet.
  まだこの件については、話を聞いていないのですね。

❹ has been　　　　　　　　　アズビン

- He **has been** my best friend ever since elementary school.
  彼は小学生のときから私の親友だ。
- She **has been** to almost every country in Europe.
  彼女はヨーロッパの国のほとんどに行ったことがある。
- She **has been** the best accountant we've ever hired.
  彼女はいままで雇った会計士の中でいちばん優秀だ。
- He **has been** waiting for this chance.
  彼はこの機会を待っていた。
- She **has been** my boss for more than a year.
  彼女が上司になってから1年以上になる。

❺ has not been　　　　　　　ハズナビン／アズナビン

- This **has not been** an easy decision.
  この決心をするのは楽ではなかった。
- This **has not been** our best year for sales.
  今年は、売り上げ的には最高の年ではないね。
- He **has not been** into the office yet.
  彼はまだオフィスに入っていない。
- He **has not been** to work for three days.
  彼は3日間、仕事に来ていない。

- She **has not been** very careful on her recent reports.
  彼女は最近の報告書をあまりていねいに書いていない。

❻ hasn't been　　　ハズンビン／アズンビン

- There **hasn't been** a good day for swimming all summer!
  今年の夏は水泳に適した日がまったくない！
- It **hasn't been** this cold in a long time!
  こんなに寒いことは、長い間なかった！
- He **hasn't been** the same since he got dumped.
  彼は振られて以来、変わってしまった。
- That **hasn't been** our usual way of doing things.
  それは、いつもの私たちのやり方ではありません。
- He **hasn't been** back for more than an hour.
  彼は、1時間以上戻っていません。

❼ had been　　　アドゥビン

- I **had been** busy for about two weeks.
  私は2週間ぐらい忙しかった。
- She **had been** to visit him in the hospital.
  彼女は、病院に彼に会いにいっていた。
- We **had been** waiting to get a reply from him.
  われわれは、彼からの返事を待っていた。
- She **had been** trying to call me.
  彼女は、私に電話しようとしていた。
- He **had been** delayed at the airport.
  彼は空港で待たされていた。

❽ had not been　　　アドゥナビン

- I **had not been** informed about that.
  そのことについて聞かされていませんでした。
- We **had not been** in contact after the last meeting.
  最後のミーティング以来、連絡を取っていなかった。

- She **had not been** prepared for the last few presentations.
  彼女は最後のいくつかのプレゼンテーションは準備ができていなかった。
- That **had not been** finished yet.
  それは、まだ片付けられていなかった。
- We **had not been** told what to do.
  われわれは、どうすればいいか、指示を受けていなかった。

❾ hadn't been   ハドゥンビン／アドゥンビン

- We **hadn't been** informed about the change in plans.
  計画が変更されたことを、われわれは聞かされていなかった。
- If you **hadn't been** so rude, she might have liked you!
  あなたがそんなに無礼じゃなければ、彼女に好かれていたかもよ！
- If I **hadn't been** there, nobody would have received the package.
  私がいなければ、その小包を受け取る人はだれもいなかった。
- If it **hadn't been** so messy, I would have invited you in.
  そんなに散らかってなかったら、君を招待していただろう。
- It **hadn't been** as hot as a typical summer.
  典型的な夏ほど暑くはなかった。

Skit は次ページに ➡

Skit で聴いてみよう！

● 沖縄旅行を勧める

A: Have you traveled all over Japan?
B: I **have been** to all the main islands. I **haven't been** to Okinawa yet.
A: You should go! My friend **has been** living there for a year, and she loves it!
B: Well, I **had been** planning to go last year, but something came up suddenly.
A: Too bad! If my friend **hadn't been** living there, I might not have gone either.
B: I'm sure I'll go eventually. Well, it **has been** nice talking to you!

A: 日本はあちこち旅行したの？
B: 主要な島は全部、回ったけど、沖縄にはまだ行ってないんだ。
A: 行くべきよ！ 友人がそこに1年住んでるけど、すごく気に入ってるの。
B: 去年、行く予定にしていたんだけど、突然ある出来事があって。
A: それは残念！ 私も友人が住んでいなかったら、行かなかったかもしれないわ。
B: 僕も、そのうちきっと行くと思うよ。それじゃあ。話ができてよかったよ！

08 ... has と have のルール

　助動詞の has や have は、ひとつ前の been のルールで見た以外にも、have had, has had などの組み合わせで、have 動詞とともによく使われます。脱落の多い発音に注意して聴き取り練習を行ってみましょう。

　[1] have 動詞や助動詞の h の音は、ほとんど消えてしまい聴こえない。
　[2] 否定文の中の t の音も消えてしまう場合が多い。
　[3] not が had とつながるとき、t の音が「ダ／ラ」に近い音に変化することがある。

練習1　❶〜❻のフレーズをCDで聴いてみよう！　CD 1-23

❶ **have had**　　➡　アヴアド／ヴアド
　……have, had の両方から、h の音が脱落してしまう。

❷ **have not had**　➡　アヴナダ［ラ］ド
　……have と had の h の音が脱落する。not は「ナダ／ナラ」に近い音に変化。

❸ **haven't had**　　➡　アヴナド
　……「アヴン」＋「アド」の音が混じり、「アヴナド」と聴こえる。

❹ **has had**　　　➡　アズアド
　……has と had の h の音が、ともに脱落する。

❺ **has not had**　➡　ハズナダ［ラ］ド／アズナダ［ラ］ド
　……had の h だけが消える場合と、has の h まで消える場合がある。また、not の t が had［アド］とつながると、「ダ［ラ］ド」と聴こえる。

❻ **hasn't had**　　➡　ハズンアド／アズンアド
　……hasn't の t と、had の h の音が消え「ハズンアド」と聴こえる。最初の h の音まで消失して「アズンアド」と発話される場合もある。

練習2 聴き取り大特訓！
音変化に注意しながら、次のセンテンスを聴き取ろう！

CD 1-24

❶ have had　　　アヴァド／ヴァド

- We **have had** such a good time!
  私たち、とても楽しい時間を過ごしたのよ！
- You **have had** plenty of time to finish this!
  これを終わらせる時間はたっぷりあったはずだ！
- I **have had** a lot of deadlines happening at once recently!
  最近、同時にたくさんの締め切りが重なってるよ！
- We **have had** really bad weather recently.
  最近、天気が最悪だ。
- You **have had** my complete trust all along!
  ずっと、君を完全に信頼してきたんだよ！

❷ have not had　　　アヴナダ[ラ]ド

- I **have not had** time to reply to these emails.
  これらのメールに返信する時間がなかった。
- We **have not had** enough people working on this project.
  このプロジェクトには、十分な人数が関わっていない。
- You **have not had** a lot to say recently. Are you okay?
  最近、口数が少ないね。大丈夫？
- I **have not had** an easy time since I switched majors.
  専攻を変えてから、苦労している。
- We **have not had** many days off since we've been so busy.
  ずいぶんと忙しかったから、あまり休暇をもらっていない。

❸ haven't had　　　アヴナド

- I **haven't had** so much fun in years!
  こんなに楽しい思いをしたのは何年ぶりだろう！
- I just **haven't had** enough time to catch up on my housework.
  残った家事をやる時間が十分に取れないでいる。

- You **haven't had** a drink yet. Let me get you something.
  まだ、なにも飲み物をもらっていないようだね。私がなにか持ってきてあげよう。
- We **haven't had** as many visitors to our exhibition this year.
  今年はわれわれの展示会にあまり人が集まってきていない。
- I **haven't had** a dentist's appointment in a couple years.
  ここ2年ほど歯医者に行っていない。

❹ has had　　　アズアド

- He **has had** more than enough time to reply!
  彼が返事をくれるのに、もう十分な時間が経っているはずだ！
- She **has had** that same apartment for years.
  彼女は、もう何年もあのアパートに住んでいる。
- He **has had** a lot of girlfriends in his life.
  彼の人生には、何人ものガールフレンドがいた。
- She **has had** a lot of people visit her blog.
  たくさんの人が彼女のブログを訪れている。
- He **has had** my tennis racket since last summer.
  彼は去年の夏以来、私のラケットを持っている。

❺ has not had　　　ハズナダ[ラ]ド／アズナダ[ラ]ド

- She **has not had** a day off in six months!
  彼女はここ6カ月、まったく休みを取っていないんだ！
- He **has not had** a good night's sleep in a long time!
  彼は、長い間しっかりと睡眠を取っていない。
- He **has not had** many ideas about this new project.
  彼はこの新しいプロジェクトに関して、あまりいいアイデアが浮かんでいない。
- She **has not had** enough experience to make such an important decision.
  こんなに重要な決断をするには、彼女は経験が浅すぎる。
- She **has not had** a cigarette for over five years.
  彼女は5年以上タバコを吸っていない。

❻ hasn't had

ハズンアド／アズンアド

- He **hasn't had** a hit since his first movie.
  最初の映画以来、彼はヒットを出すことができないでいる。
- He **hasn't had** any contact from the client since last week.
  彼は先週以来、クライアントと連絡を取っていない。
- She **hasn't had** a promotion since she moved to this office.
  彼女はこのオフィスに移ってから一度も昇進していない。
- He **hasn't had** a very good relationship with his subordinates.
  彼は部下とあまりよい関係を保てていない。
- She **hasn't had** the courage to ask for a raise.
  彼女は昇給を求める勇気を出すことができないでいる。

Skit で聴いてみよう！

● すばらしい休日

CD 1-25

A: I **haven't had** such a great time in years!
B: Me neither. We **have had** perfect weather. We **have not had** one bad day.
A: I wish Tom could have joined us. He **hasn't had** a vacation in years.
B: Yeah. He really wanted to come, but he **has had** so much work recently.
A: That's too bad. He would have loved it here.

A: こんなに楽しい思いをするの、何年ぶりだろう！
B: 私もよ。毎日、完璧な天気で、一日も悪い日がないし。
A: トムも来れたらよかったよな。彼、ここ何年も休暇を取ってないから。
B: そうよね。彼、来たかったけど、最近仕事が山積みになっているみたいね。
A: 残念だよね。彼も、きっとここを気に入ったと思うよ。

09 … can と could のルール

　can は後ろに動詞を伴って用いられますが、特に、母音で始まる動詞とつながるとき、can の n の音は、次の動詞とつながって聴こえるので注意が必要です。ここでは、can や過去形 の could あるいは否定文で起こる音の変化に注意して練習を進めていきましょう。

[1] can の n の音は、後ろにくる動詞の母音と混じり、つながる。
[2] 否定の t の音は、次の音と混じり「ダ [ラ]」と聴こえることがある。
[3] 否定の t の音は、脱落して消えてしまうことがある。
[4] 後ろにくる have の h の音はほとんど聴こえない。
[5] have は、h の脱落に加え、v の音まで消え、「ア」という音だけになることもある。

練習1　❶～❻のフレーズを CD で聴いてみよう！ （CD 1-26）

❶ **can have** ➡ キャナヴ
……can と h の音が消えた have とがつながって「キャナヴ」のように聴こえる。

❷ **cannot have** ➡ キャナダ [ラ]
……cannot の t は「ダ」や「ラ」に近い音に変化する。have は h の音が脱落。さらに v の音まで脱落し、「ア」だけしか聴こえないことが多い。

❸ **can't have** ➡ キャンタヴ／キャナヴ
……can't の t の音は脱落する場合と、しない場合がある。そのあとに、have の h の音が脱落した「アヴ」がつながり、「キャンタヴ」あるいは「キャナヴ」と聴こえる。

❹ **could have** ➡ クダ
……have は h と v の両方の音がなくなる。could に「ア」がつながり、「クダ [ラ]」のように聴こえる。

❺ **could not have** ➡ クドゥナダ [ラ]
……not have の t は、あとに続く have「ア」と混じって「ダ」や「ラ」に近い音になる。could「クドゥ」＋ not have「ナダ [ラ]」で、「クドゥナダ [ラ]」と聴こえる。

Chapter 1　フレーズの発音変化

❻ **couldn't have** ➡ **クドゥナ**

……couldn't の t の音は消えてしまう。have の h と v も消え「ア」だけになる。

練習2　聴き取り大特訓！
音変化に注意しながら、次のセンテンスを聴き取ろう！

CD 1-27

❶ can have　　　　　　　　キャナヴ

- You **can have** a few more minutes to finish your tests.
  テストを終わらせるのにあと数分あげます。
- I **can have** a lot more free time at my new job.
  新しい仕事場では、もっと自由な時間があるんだ。
- She **can have** any man she wants!
  彼女は、好きな男を選り好みできるのよね！
- This idea **can have** a lot more impact.
  このアイデアは、もっとインパクトを与えるものになれる。
- You **can have** one more cookie, that's all!
  クッキーはもう1枚食べていいけど、それで終わりよ！

❷ cannot have　　　　　　キャナダ [ラ]

- He **cannot have** been there, because I saw him here.
  彼がそこにいたはずがない。僕は彼をここで見たんだから。
- You **cannot have** known that unless you read my email!
  私のメールを読まなければ、君がそれを知っているはずがない！
- I'm convinced we **cannot have** given them a better presentation!
  俺たち、絶対にあれ以上のプレゼンテーションをすることはできなかったよ！
- They **cannot have** gotten back yet, so let's call later.
  彼らがまだ戻っているはずがないから、あとで電話しよう。
- I **cannot have** been away for more than twenty minutes.
  どう考えても私は20分以上は席を外していないはずだ。

❸ can't have　　　　　　　　キャンタヴ／キャナヴ

- Your mom says you **can't have** any more candy.
  あなたのお母さんが、もう飴はあげませんって。
- I **can't have** tried any harder!
  あれ以上のことはできなかった。
- You **can't have** everything you want in life!
  人生で欲しいものをすべて手に入れることはできないのよ。
- He **can't have** done that all by himself.
  あれを彼ひとりが全部やったはずがない。
- He **can't have** been serious when he said that!
  彼がまじめにそう言ったはずがない。

❹ could have　　　　　　　　クダ

- She **could have** tried a little harder.
  彼女、もう少しはがんばれたはずだ。
- I wish we **could have** spent a few more days there.
  あと数日、あそこにいられたらよかったなあ。
- He **could have** done a lot better if he'd tried harder.
  もうちょっとがんばれば、彼はもっといい成績が取れたのに。
- They **could have** gotten a better deal if they had shopped around.
  彼らがほかの店をもっと回っていれば、もっといい値段で買えたのになあ。
- I don't think I **could have** gotten home before the rain started.
  雨が降り始める前に帰宅することはできなかったと思う。

❺ could not have　　　　　　クドゥナダ［ラ］

- I **could not have** done this without all your help!
  あなたの大きな助けなしには、私にこんなことはできなかったわ！
- The concert **could not have** been more than an hour.
  そのコンサートの長さは、1時間以上はなかったよ。

- She **could not have** known what a strong impression she made on him.
  彼女が彼にどんなに強い印象を与えたか、彼女にわかるはずがなかった。
- She **could not have** looked more beautiful in her wedding dress!
  ウェディングドレスを着た彼女は最高に美しかった。
- The battery **could not have** lasted another ten minutes.
  その電池は、あと10分ももたなかっただろう。

❻ couldn't have　　　　　　　　　　クドゥナ

- They **couldn't have** been more wrong for each other.
  あのカップルは、これ以上ないほど不似合いだった。
- It **couldn't have** happend the way he said.
  彼の言ったとおりに起こるはずはなかった。
- I **couldn't have** done nearly as good a job as you!
  私には、到底あなたほどいい仕事はできなかったわ！
- That **couldn't have** been the same chef as last time.
  あのシェフ、どう考えても前回のシェフと同じはずがない。
- He **couldn't have** completed both tasks at the same time.
  彼があのふたつの仕事を同時にこなせたはずがない。

Skit で聴いてみよう！

● 不可欠な上司のサポート

A: Thanks so much! I **couldn't have** done this without your help!
B: You **can have** my help whenever you need it.
A: I wish I **could have** had a boss like you at my last job!
B: He wasn't very supportive?
A: He **could not have** been less supportive! All he did was yell that we needed to work harder!
B: That's no good. You **can't have** high expectations for your employees if you mistreat them.

A: どうもありがとうございます！ あなたの助けなしではできませんでした！
B: 必要であればいつでもお手伝いしますよ。
A: この前の職場でも、あなたのようが上司がいたらなあと思います。
B: 彼はあまりサポートしてくれなかったのかい？
A: 彼以上に、サポートしてくれない上司はいません！ することといえば、大声でもっと働けと怒鳴り散らすことばかりでしたから。
B: それはいけないね。部下を不当に扱っておいて、多くを期待するのは無理だよ。

10 Can...?と Could...?のルール

助動詞 Can や Could の疑問文での音声変化の特徴を知りましょう。後ろにくる主語によって、変化の仕方が異なるので、バリエーションが豊富です。音の脱落や同化、「ダ［ラ］」に近い音への変化などが起こります。

[1] 後ろの主語に he がくるとき、h の音が抜け落ちることがある。
[2] Could と you が混じる部分は「ジュ」と変化する。
[3] Could と he が混じる部分は、「ディ［リ］」と変化する。
[4] Could の d は脱落することもある。

練習1　❶～❺のフレーズをCDで聴いてみよう！　CD 1-29

❶ **Can he** ➡ キャニー
……he の h の音が脱落してなくなってしまい、前の can とつながるので、「キャニー」と聴こえる。

❷ **Can't he** ➡ キャンティー／キャニー
……これも ① と同じく、he の h 音が脱落し、can't とつながる。また、t 音まで脱落し、① とほぼ同じ発音になることも多いので注意が必要。

❸ **Could you** ➡ クジュ
……Could の d の音と、you の y の音が混じり合って「ジュ」のような発音になる（音の同化）。

❹ **Could he** ➡ クディ［リ］ー
……①、② と同じく、he の h の音がなくなる。Could の d の音は、単純な「ディ」という音ではなく、「ディ」と「リ」の中間のような音になる（弾音化）。

❺ **Could they** ➡ クゼィ
……Could の d の音が脱落して「ク」の音だけが残る。

練習2 聴き取り大特訓！
音変化に注意しながら、次のセンテンスを聴き取ろう！

❶ Can he　　　　キャニー

- **Can he** work a few hours overtime next week?
  彼は、来週数時間、残業してもいいですか？
- **Can he** fax me the details later?
  あとで彼からファックスで詳細を送ってもらえますか？
- **Can he** wait for a few more days?
  あと数日、彼に待ってもらえますか？
- **Can he** change from Economy to Business Class?
  彼の席は、エコノミーからビジネスクラスに変更できますか？
- How many languages **can he** speak?
  彼は何カ国語話せるんですか？

❷ Can't he　　　　キャンティー／キャニー

- Why **can't he** wait until tomorrow?
  どうして彼は明日まで待てないんだ？
- **Can't he** change the reservation?
  彼は予約の変更はできないのですか？
- **Can't he** spend a few more days in Tokyo?
  彼は、もう数日、東京で過ごせないのですか？
- Why **can't he** remember a simple thing like a birthday?
  どうして彼は人の誕生日のような簡単なことも覚えられないのかしら？
- **Can't he** hire somebody to help him with his job?
  彼は、だれか仕事を手伝ってくれる人を雇えないのかな？

❸ Could you　　　　クジュ

- **Could you** bring me a cup of tea?
  紅茶を1杯、持ってきてもらえますか？
- **Could you** speak a little more loudly?
  もう少し大きな声で話してもらえますか？
- **Could you** repeat that?
  もう一度言ってもらえますか？

- **Could you** give me a little while to think it over?
  もう少し考える時間をいただけますか？
- **Could you** tell me your new email address?
  新しいメールアドレスを教えてもらえますか？

❹ Could he

クディ［リ］ー

- **Could he** make an extra copy for me?
  彼に私のためにもう1枚コピーを取ってもらえるかな？
- **Could he** come a few hours earlier?
  彼に数時間早くて来てもらえるかな？
- **Could he** stop at the bank on his way?
  来る途中で、彼に銀行に寄ってきてもらえるかな？
- **Could he** get the airline to change his flight?
  彼は、航空会社にフライトを変えてもらえるだろうか？
- **Could he** loan it to me for a few days?
  数日間、彼にそれを貸りられるかなあ？

❺ Could they

クゼィ

- **Could they** use this room for a couple hours?
  彼らが、この部屋を2時間ほど使ってもいいかな？
- **Could they** give me their answer by tomorrow?
  彼らは、明日までに返事をしてくれるだろうか？
- **Could they** send somebody over here to fix the problem?
  問題を修復するために、だれかをこちらによこしてもらえるだろうか？
- **Could they** be more flexible about the deadline?
  彼らは、締め切りをもう少し柔軟にしてくれるだろうか？
- **Could they** bring some wine and cheese over when they come?
  彼らが来るときにワインとチーズを持ってきてもらえるかな？

Skit…で聴いてみよう!

● 休日出勤を要求する

A: **Could you** send John an email asking if he can come to the office tomorrow?
B: But tomorrow is Saturday. **Can't he** send work in from his home?
A: No, I'm afraid not. **Can he** come in just for the morning?
B: I'll ask him. **Could he** take off Monday morning if he comes?
A: Yes, I guess that will be okay. We need to finish this by tomorrow.
B: Okay, I'll let him know that in the email.

A: 明日オフィスに来られるかどうか、ジョンにメールしてもらえるかい?
B: でも、明日は土曜日ですよ。彼の家から仕事を送らせてはいけませんか?
A: 残念ながらだめなんだ。午前中だけ、彼に来てもらえるかな?
B: 彼にたずねてみます。もし来た場合には、彼は月曜日の午前中、休めますか?
A: ああ。それはかまわないと思うよ。これは明日までに終わらせなければならないんだ。
B: わかりました。メールで彼に伝えておきます。

11 … will と would のルール

　助動詞 will や would と have を組み合わせたフレーズも英語では多用されます。特に、フレーズの中での have の音の脱落や、否定文での t 音の変化に注意して聴き取りましょう。

[1] will や would の後ろにくる have の h 音はほとんど聴こえない。
[2] have は、v の音まで消え、「ア」だけになることもある。
[3] 否定の t の音は、脱落して消えてしまうことがある。
[4] 否定の t の後ろに have が続くと、「ダ［ラ］ヴ」のように聴こえることがある。

練習1　❶〜❻のフレーズを CD で聴いてみよう！　CD 1-32

❶ **will have** ➡ ウィラヴ
……will の i は軽く発音される。l の音は have と連なって、「ラヴ」と発音。

❷ **will not have** ➡ ウィルナダ［ラ］
……have は h と v の音が消える。not have は「ナダ［ラ］」と発音される。

❸ **won't have** ➡ ウォナヴ
……won't の t の音は脱落し、have の h 音もほとんど聴こえない。

❹ **would have** ➡ ウダヴ／ウダ
……would に have［アヴ］がつながり、「ウダヴ」と聴こえる。末尾の v 音が消え、「ウダ」と聴こえることもある。

❺ **would not have** ➡ ウドゥナダ［ラ］
……not have は「ナダ［ラ］」と聴こえる。

❻ **wouldn't have** ➡ ウドゥナ
……wouldn't の t の音は消え、have も「ア」の音だけが残る。

練習2　聴き取り大特訓！
音変化に注意しながら、次のセンテンスを聴き取ろう！

CD 1-33

❶ will have
ウィラヴ

- If you come then, I **will have** already finished my speech.
  そのときに来てもらえば、それまでにスピーチを終えているはずです。
- She **will have** arrived by now.
  もういま頃は、彼女は着いているはずです。
- We **will have** a few minutes to prepare before we start.
  始める前に準備する時間が数分あるはずです。
- They **will have** made a few changes since then.
  あれ以来、いくつか変更したことがあるはずです。
- Call me then, because I **will have** seen your message by then.
  その頃、電話ください。それまでにあなたからのメールを見ているはずですから。

❷ will not have
ウィルナダ〔ラ〕

- There **will not have** been enough time to complete the project.
  プロジェクトを終わらせる時間が足りないはずです。
- She **will not have** been told about that.
  彼女はそのことについて話を聞いていないはずです。
- You **will not have** made a good impression.
  あなたは、いい印象を与えていないはずです。
- They **will not have** been happy to hear about the delay.
  その遅れのことを聞いて、彼らはいい思いをしないはずです。
- I **will not have** mastered Japanese by then.
  それまでに日本語をマスターしていないと思います。

❸ won't have
ウォナヴ

- I **won't have** enough money to pay for everyone.
  全員の分を払うほど十分なお金がありません。
- She **won't have** enough time to go to the supermarket.
  彼女は、スーパーに行くほど時間がありません。

Chapter 1　フレーズの発音変化　59

- We **won't have** enough seats in the van for everyone.
  バンの中に全員座れるほどの席がありません。
- We **won't have** any wine and beer for the party.
  パーティーのためのワインとビールがありません。
- You **won't have** gotten my message by then.
  それまでに、あなたは私のメッセージを受け取っていないでしょう。

❹ would have　　　ウダヴ／ウダ

- That **would have** been his best movie if he had finished it.
  あの映画ができあがっていれば、彼の作品の中で最高だったはずだ。
- I **would have** cleaned up if I knew you were coming.
  あなたが来るって知っていれば、掃除したのに。
- She **would have** stayed in Paris longer if her school hadn't started.
  学校が始まらなければ、彼女はもっと長い間パリに滞在したはずだ。
- That **would have** made me so happy if you had done that.
  あなたがそれをやってくれたら、私はほんとうにうれしいと思ったはずよ。
- Nobody **would have** noticed even if you had done that.
  あなたがそれをやったとしても、きっとだれも気づかなかったよ。

❺ would not have　　　ウドゥナダ [ラ]

- If it had been me, I **would not have** acted like that.
  もし私だったら、そんな態度は取らなかったわ。
- That **would not have** been my first choice, but it's okay.
  それは私の第一希望ではなかったけど、それでもいいのよ。
- I **would not have** complained so much if you had tried harder.
  あなたがもう少しがんばっていれば、あんなに文句を言わなかったわ。
- It **would not have** made any difference either way.
  どっちにしろ、たいして違いはなかったよ。
- I'm pretty sure you **would not have** enjoyed the movie.
  ほぼ間違いなく、あなたはその映画を気に入らなかったと思うよ。

❻ wouldn't have   ウドゥナ

- That **wouldn't have** been the place I would have chosen.
  あそこは私だったら選んでいなかったね。
- I wish she **wouldn't have** sent such an expensive gift.
  彼女ったらあんなに高いプレゼントを贈ってくれなければよかったのに。
- That **wouldn't have** been nearly enough money!
  あの金額では、まったく足りなかったよ！
- Maybe he **wouldn't have** noticed if you hadn't said anything.
  あなたがなにも言わなければ、彼は気づかなかったかもしれないよ。
- There **wouldn't have** been any taxis at that hour.
  その時間じゃ、タクシーはいなかったと思うよ。

Skit は次ページに ➡

Skit で聴いてみよう!

● 高額な食事代

A: **I wouldn't have** chosen this restaurant if I'd known how expensive it was!
B: Yeah, I know! I'm afraid we **won't have** enough money to pay for dinner!
A: I guess we **will have** to tell them to cancel our reservation.
B: No, it's okay. I'll put it on my credit card. But I wish you **would have** been more careful!
A: I'm sorry.
B: It's okay. But if I knew I had to spend 500 bucks on a meal, I **would not have** chosen this place!

A: こんなに高いと知っていたら、このレストランを選ばなかったよ!
B: ほんとうよね! 食事代を払うお金を持ち合わせていないかもしれないわ。
A: 彼らに、われわれの予約をキャンセルするように言わないといけないな。
B: いいわよ。私のクレジットカードで払うから。でも、もう少し気をつけてほしかったわ。
A: ごめんよ。
B: いいわよ。でも食事に500ドルかけるってわかっていたら、ここを選ばなかったわ!

12… Will…? と Would…? のルール

次は、Will や Would で始まる疑問文の音声変化をチェックしましょう。Will の l の音は、頻繁に脱落して聴こえません。Would の d の音も同様になくなってしまいます。

[1] Will の l の音がなくなることがある。
[2] Will や Would のあとに he がくると、h の音が脱落する。
[3] Would you の d + y の部分は「ジュ」のような音に変化する。

練習 1　❶～❺のフレーズを CD で聴いてみよう！ CD 1-35

❶ **Will you**　➡ ウィユ
……Will の l の音が脱落してしまい、全体では「ウィユ」という発音になる。

❷ **Will he**　➡ ウィリー
……主語 he の h の音がなくなり、前の Will とつながるので、「ウィリー」と聴こえる。

❸ **Will she**　➡ ウィシー
……Will の l の音が脱落。「ウィ」の音だけが残り「シー」につながる。

❹ **Would you**　➡ ウジュ
……Would の d の音と、you の y の音が混じり合って「ジュ」のような音に変化する（同化）。

❺ **Would he**　➡ ウディ［リ］ー
……Would の d の音は、「デ」と「リ」が混じったような音に変わる。he の h 音は脱落。

練習 2　聴き取り大特訓！
音変化に注意しながら、次のセンテンスを聴き取ろう！

(CD 1-36)

❶ Will you　　　　　ウィユ

- **Will you** pick up a newspaper and some bottled water?
  新聞とミネラルウォーターを買ってきてくれる？
- **Will you** send me the pictures?
  その写真を送ってくれる？
- **Will you** stop bothering me?
  邪魔をするのをやめてくれない？
- **Will you** turn down that music?
  その音楽の音量を下げてくれないか？
- **Will you** send your resume to me?
  履歴書を送ってくれますか？

❷ Will he　　　　　ウィリー

- **Will he** tell everybody about the changes?
  変更点について、彼がみんなに報告してくれるかな？
- **Will he** be more careful next time?
  彼、次回はもう少し気をつけてくれるかしら？
- **Will he** fly out of Narita?
  彼は成田から飛行機で出発するの？
- **Will he** write about that on his blog?
  彼はブログにそのことを書くかな？
- **Will he** know how to get here from his hotel?
  彼は、ホテルからここまで来る方法を知っているのかな？

❸ Will she　　　　　ウィシー

- **Will she** be able to find it without a map?
  彼女は、地図なしでそこを見つけることができるのかな？
- **Will she** look after my plants while I'm away?
  私が留守をしている間、彼女、植物の世話をしてくれるかしら？
- **Will she** keep her promise?
  彼女は、約束を守ってくれるだろうか？

- **Will she** be able to handle all that?
  彼女、あれを全部こなせるだろうか？
- **Will she** keep working after she has her baby?
  彼女は、赤ちゃんを産んだあとも仕事を続けるの？

❹ Would you   ウジュ

- **Would you** turn on the air conditioner?
  エアコンをつけてくれますか？
- **Would you** be able to come a little early?
  もう少し早く来ることはできますか？
- **Would you** do me a favor?
  頼みを聞いてもらえるかな？
- **Would you** like another drink?
  もう1杯飲みますか？
- **Would you** like to know a secret?
  秘密を知りたい？

❺ Would he   ウディ［リ］ー

- **Would he** be willing to let us stay at his place?
  彼は、いやがらずに泊めてくれるかな？
- **Would he** mind giving us a tour?
  彼は、私たちを案内してくれるかな？
- **Would he** have been able to do it without your help?
  あなたの援助なしで、彼がそれをできたと思う？
- **Would he** be willing to sign a contract about that?
  その件で、彼は契約を結ぶ気があるだろうか？
- **Would he** agree if we gave a discount?
  割り引きをしたら、彼は同意してくれるだろうか？

Skitは次ページに ➡

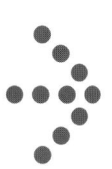

Skit で聴いてみよう!

● 同僚を心配する

CD 1-37

A: **Will you** talk to Frank? I think he might want to quit.
B: Why **would he** want to do that? I thought he loved his job!
A: I did too. But Karen says he's been complaining a lot lately.
B: Hmmm... Okay, I'll have a talk with him.
A: Thank you. Oh, by the way, **would you** keep this a secret?
B: Of course! It's between you and me.

A: フランクと話をしてくれないか？ 辞めたいと思っているようなんだ。
B: どうしてそうしたいと思うの？ この仕事をとても気に入っていると思っていたわ。
A: それは僕もだ。だけど、カレンによると、最近ずいぶんと文句を言っているそうだ。
B: そう…わかったわ。彼と話をしてみる。
A: ありがとう。ああ、ところで、このことは内密にしておいてくれないか？
B: もちろん。あなたと私の間だけのことにしておくわ。

13 … may と should のルール

　ここでは、助動詞 may, might, should に have が連なったときの音声の変化をチェックしましょう。might の t の音は、多くの場合、省略されてしまいます。

[1] may や might, should の後ろにくる have の h の音はほとんど聴こえない。
[2] have は、v の音まで消え、「ア」だけになることもある。
[3] 否定の t の音は、脱落して消えてしまうことがある。
[4] 否定の t の後ろに have が続くと、「ダ［ラ］ヴ」のように聴こえることがある。

練習1　❶〜❼のフレーズを CD で聴いてみよう！　CD 1-38

❶ **may have**　　　　➡ メイアヴ
　……have の h の音が脱落してしまい、全体では「メイアヴ」と聴こえる。

❷ **may not have**　　➡ メイナダ［ラ］
　……not have は「ナダ［ラ］」のように発音される。have の h と v の音は消えてしまう。

❸ **might have**　　　➡ マイダ［ラ］ヴ
　……② と同じく、t が have とつながって、「ダ［ラ］ヴ」と聴こえる。

❹ **might not have**　➡ マイナダ［ラ］
　……might の t 音は脱落。not 以降は、「ナダ［ラ］」と聴こえる。

❺ **should have**　　 ➡ シュダ［ラ］
　……have は弱い「ア」だけになり、全体で「シュダ［ラ］」と発音されがちだ。

❻ **should not have**　➡ シュドゥナダ［ラ］
　……not have の部分は、④ と同じく「ナダ［ラ］」と聴こえる。

❼ **shouldn't have**　 ➡ シュドゥナ
　……shouldn't の t の音は聴こえない。have は弱い「ア」の音になる。

練習 2　聴き取り大特訓！
音変化に注意しながら、次のセンテンスを聴き取ろう！

CD 1-39

❶ may have

メイアヴ

- I **may have** forgotten to turn off the lights when I left last night.
  昨夜、出発したとき、電気を消してくるのを忘れたかもしれない。
- I **may have** seemed angrier than I really was.
  私、実際よりも怒っているように見えたかも。
- I **may have** made a big mistake on the test.
  テストでひとつ大きなミスをしたかも。
- She **may have** already left the office.
  彼女、もうオフィスを出てしまったかもしれないよ。
- That **may have** been the nicest compliment I've ever received!
  それって、私がもらった中では最高のほめ言葉かもしれません。

❷ may not have

メイナダ〔ラ〕

- I **may not have** brought enough money with me.
  私、お金を十分持ってこなかったかも。
- She **may not have** heard you the first time.
  彼女は、最初にあなたの言ったことが聞こえなかったかも。
- That **may not have** been the same person you talked to before.
  その人は、前に話したのと違う人かもしれないよ。
- We **may not have** charged them enough for all the work we did.
  われわれのやった仕事全部に見合った額を請求しなかったかもしれない。
- He **may not have** been listening when you said that.
  君がそう言ったとき、彼は聞いていなかったかもしれないね。

❸ might have

マイダ〔ラ〕ヴ

- I **might have** sent him an email, but I can't remember.
  彼にメールを送ったかもしれないけど、覚えていないんだ。

- She **might have** been the person I met at a convention two years ago.
  彼女は、2年前にコンベンションで会った人かもしれない。
- That **might have** been the best decision I've made all year!
  この1年で、いちばんいい決断だったかもしれない！
- She **might have** had a little cold.
  彼女、少し風邪をひいていたかもしれない。
- I **might have** forgotten.
  忘れてたのかもしれない。

❹ might not have　　　マイナダ [ラ]

- My son **might not have** given me the message that you called.
  あなたから電話があったことを、私の息子が伝えてくれなかったのかもしれない。
- That **might not have** been enough to convince them of our idea.
  われわれのアイデアを納得してもらうには、あれでは不十分だったかもしれない。
- I **might not have** sent it in time for a morning delivery.
  午前中の配送に間に合うように、発送できなかったかもしれない。
- I **might not have** reserved a big enough room. I'll call again.
  予約した部屋のサイズが小さすぎたかもしれません。もう一度、電話します。
- It **might not have** been the same person I talked to last time.
  この前、話した人と、同じ人ではなかったのかもしれない。

❺ should have　　　シュダ [ラ]

- You **should have** called me instead of just coming over!
  ただ来るんじゃなくて、私に電話するべきだったのよ！
- That **should have** been ME walking down the aisle with her!
  彼女とバージンロードを歩くのは俺であるべきだったんだ！
- I **should have** sent her a Mother's Day card.
  母の日のカードを送るべきだった。
- Maybe we **should have** brought umbrellas.
  もしかしたら傘を持ってくるべきだったかもしれない。

- I **should have** been more careful.
  もっと注意しているべきだった。

⑥ should not have　　　シュドゥナダ [ラ]

- I **should not have** told you that rumor about him.
  彼の噂のことをあなたに伝えるべきではなかった。
- We **should not have** given them so much time to change their minds.
  彼らに気持ちを変える時間を与えるべきではなかった。
- You **should not have** let him go on thinking you loved him!
  あなたが彼のことを愛していると思わせたままでいるべきではなかったのよ！
- He **should not have** been working at that company.
  彼はあの会社で働くべきではなかった。
- We **should not have** been made to wait so long.
  僕たちは、あまり長く待たされるべきではなかったんだ。

⑦ shouldn't have　　　シュドゥナ

- That **shouldn't have** been so difficult to arrange.
  手配するのはそんなに難しくなかったはずだ。
- I guess I **shouldn't have** spoken up so quickly.
  あんなにすぐに発言するんじゃなかったんだろうな。
- If you didn't want to do it, you **shouldn't have** volunteered!
  やりたくないんだったら、申し出るべきじゃなかったのよ！
- He **shouldn't have** drunk that last beer.
  彼はあの最後のビールを飲むべきじゃなかった。
- We **shouldn't have** stayed out so late on a weeknight.
  平日の夜に、あまり遅くまで出かけているべきではなかった。

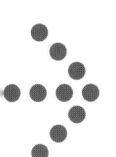

Skit で聴いてみよう！

● ピアノレッスンと学業

CD 1-40

A: Sometimes I think it **may have** been a mistake to quit my piano lessons.
B: Really? Why?
A: Well, I **might have** become really good. I **should have** practiced harder.
B: Hmmmm ... but if you had, you **might not have** done as well in school.
A: That's true. Practice took a LOT of time!
B: See? You **may not have** become a concert pianist, but you became an excellent student!

A: 時々、ピアノのレッスンをやめるべきではなかったのかもしれないと思うの。
B: ほんとう？ どうしてだい？
A: もしかしたら、とてもいいピアニストになれたかもしれないから。もっと練習するべきだったのよ。
B: そうだねー。でも、もしそうしていたら、学校の成績がこんなによくなかったかもよ。
A: それはそうね。練習はすごく時間かかったもの。
B: だよね？ コンサート・ピアニストにはならなかったかもしれないけど、君は優秀な生徒になれたんだよ！

14 Shall...? と Should...? のルール

Shall や Should の疑問文の音声変化の特徴は、ユニット12 で紹介した Will や Would のときの変化と似ています。特に Should の d 音の変化に注意して、聴き取りの練習を行いましょう。

[1] Shall の l の発音は抜け落ちてしまうことがある。
[2] Should の d は、「ダ」と「ラ」の中間のような音に変化する場合がある。
[3] Should の d は、後ろに y がくると「ジュ」のような音に変化する。

練習1　❶〜❻のフレーズを CD で聴いてみよう！ CD 1-41

❶ **Shall we** ➡ シャウィ
……Shall の l の音が抜けてしまい、「シャ」の音だけが残る。

❷ **Should I** ➡ シュダ［ラ］イ
……Should のあとに、I や he などがくると、d の音が「ダ」行と「ラ」行の中間のような音に変化する。

❸ **Should you** ➡ シュッジュ
……Should の d と、you の y が混じり合って「ジュ」という音になる。

❹ **Should he** ➡ シュディ［リ］ー
……he は h が脱落し「イー」という音だけになる。Should の d はあとにくる he［イー］に連なり、「ディ［リ］ー」のように聴こえる。

❺ **Should they** ➡ シュゼイ
……Should の d 音が消失する。

❻ **Should it** ➡ シュディ［リ］
……it の t の音は脱落してなくなる。Should の d とあとにくる it［イ］が混じり合い、「ディ［リ］」のような発音になる。

練習2 聴き取り大特訓！
音変化に注意しながら、次のセンテンスを聴き取ろう！

CD 1-42

❶ Shall we
シャウィ

- **Shall we** dance?
  踊りましょうか？
- **Shall we** begin packing for the trip?
  旅行の荷造りを始めましょうか？
- **Shall we** send him an invitation?
  彼に招待状を送ろうか？
- **Shall we** try to upgrade our tickets to business class?
  チケットをビジネスクラスにアップグレードしようか？
- **Shall we** visit the garden while the lilies are in bloom?
  ユリが咲いている間に庭園を見に行こうか？

❷ Should I
シュダ〔ラ〕イ

- **Should I** write my full name here?
  ここにフルネームを書いたほうがいいですか？
- **Should I** send you a copy of the email too?
  あなたにもメールのコピーを送りましょうか？
- **Should I** pick up some bread at the bakery?
  パン屋さんでパンを買って行きましょうか？
- **Should I** wait a few more days before calling?
  数日待ってから電話しましょうか？
- **Should I** be concerned about this letter?
  この手紙のこと、心配したほうがいいのでしょうか？

❸ Should you
シュッジュ

- **Should you** take some extra money, just in case?
  念のため余分にお金を持っていったほうがいいですか？
- **Should you** get lost, please call me.
  道に迷ったら、電話してください。（＊仮定の文）
- **Should you** need anything, just let me know.
  なにか必要でしたら、言ってください。（＊仮定の文）

- **Should you** talk to your boss about that?
  上司にそのことについて話したほうがいいだろうか？
- **Should you** come to a part you don't understand, just skip it.
  わからないところは、スキップしなさい。（＊仮定の文）

❹ Should he　　　　　　　　　　　シュディ［リ］ー

- **Should he** take such long breaks?
  彼はあんなに長い休憩を取っていいんですかね？
- **Should he** spend so much time in the hot sun?
  彼は、あんなに長い時間、暑い日なたにいて大丈夫かい？
- **Should he** give them such a big discount?
  彼はあんなにたくさんの割り引きをあげてしまっていいのか？
- **Should he** wait a few more days before calling?
  彼は数日待ってから電話したほうがいいかな？
- **Should he** arrive early, please have him wait here.
  万一彼が早く到着した場合、ここで待ってもらってくれ。（＊仮定の文）

❺ Should they　　　　　　　　　　　シュゼィ

- **Should they** be expected to pay for the taxi?
  タクシー代は、彼らが払うべきかい？
- **Should they** complain, pass the phone to me.
  彼らが文句を言った場合、電話を私に回しなさい。（＊仮定の文）
- **Should they** be allowed to put that on their website?
  彼らがあんなことをホームページに載せてもいいのかね？
- **Should they** send the invoice here?
  彼らはここに請求書を送るべきでしょうか？
- **Should they** arrange an earlier flight for you?
  あなたのフライトをもっと早い時間に手配してもらいましょうか？

❻ Should it　　　　　　　　　　　シュディ［リ］

- **Should it** be so cold in here?
  ここ、こんなに寒くていいの？

- **Should it** have both our names on it?
  私たち２人とも名前を載せるべきかしら？
- **Should it** be sent by airmail?
  エアメールで送るべきなのかな？
- **Should it** arrive by Monday?
  それは、月曜日までに到着するべきですか？
- **Should it** get too noisy, please close the window.
  うるさくなりすぎた場合は、窓を閉めてください。（＊仮定の文）

Skit で聴いてみよう！

● 道端でタクシーを拾う

CD 1-43

A: So, **shall we** take a taxi?
B: Good idea. **Should I** hold your bag so you can flag one?
A: Yes, please. Hmmm ... Nobody is stopping. **Should it** be so hard to get a taxi?
B: Well, at this hour it's usually difficult.
A: **Should you** cross the street and try? We might have more luck that way.
B: That's a good idea. Let's both try.

A: では、タクシーで行きましょうか？
B: いいですね。あなたがタクシーを止められるように、カバンを持っていましょうか？
A: お願いします。ああ、だれも止まってくれませんね。こんなにタクシーを拾うのが難しいものですかね？
B: そうですね、この時間帯はたいてい難しいんです。
A: 道を渡って試してみますか？ そのほうがうまくいくかもしれませんよ。
B: いいアイデアですね。いっしょにやってみましょう。

15 It... のルール

It ... で始まるフレーズは英語には多様にありますが、それらも独特の音の変化を伴います。このレッスンでは、It will ... や It's ... (It is や It has の省略) などで始まるセンテンスの音で耳慣らししてみましょう。

[1] It's の頭の it の音が脱落して「ス」だけしか聴こえないことが多い。
[2] it の t が、「ダ」や「ラ」に近い音に変化することがある。

練習1　❶～❿ のフレーズを CD で聴いてみよう！ (CD 1-44)

❶ **it'll** ➡ イドゥ[ル]ル
……it の t が「ドゥ[ル]」に近い音に変化。will は短縮され「ル」と発音される。

❷ **it's all** ➡ スオール
……It's の it の音声が脱落してしまう。「ス」だけが音として残る。

❸ **it's not** ➡ スナット
……② と同様に、it's は「ス」に変化する。not の t も脱落する傾向がある。

❹ **it's like** ➡ スライク
……② と同様、it's は「ス」に変化する。

❺ **it's not like** ➡ スナライク
……it's [ス] + not [ナ] +「ライク」=「スナライク」。

❻ **it's kind of** ➡ スカイナ
……「ス」のあとに、kind of が続く。kind of は、d と v の音が抜け「カイナ」と発音。全体では「スカイナ」。

❼ **it's kind of like a** ➡ スカイナライカ
……it's kind of [スカイナ] のあとに、like a [ライカ] の発音が続く。

❽ **it's the only** ➡ スオウンリ
……it's [ス] のあとの the の音は全体が消失、it's only [スオウンリ] のように聴こえる。

⑨ **it's going to** ➡ スゴナ
……it's[ス]のあとの going to は「ゴナ」と発音される。

⑩ **it's been** ➡ スピン
……it's[ス]のあとの been の b の音は p に変化し、「ピン」と発音される傾向が強い。

練習2　聴き取り大特訓！
音変化に注意しながら、次のセンテンスを聴き取ろう！
（CD 1-45）

❶ it'll
イドゥ[ル]ル

- I think **it'll** be a really hot summer.
  すごく暑い夏になると思うよ。

- **It'll** be dangerous to go alone.
  ひとりで行くのは危険だよ。

- **It'll** be less busy if you come after three.
  3時以降にいらっしゃれば、もう少し空いているはずです。

- **It'll** be hard to leave this place!
  この場所を離れるのは難しい！

- **It'll** be very easy for me to do.
  それは僕にはとても簡単だよ。

❷ it's all
スオール

- **It's all** finished, right?
  全部終わったんだね？

- **It's all** the time I have, sorry.
  それしか時間がないんだ。ごめん。

- **It's all** ready to be boxed and shipped.
  箱に詰めて発送する準備ができているよ。

- **It's all** I wanted to know.
  それこそ、僕の知りたかったすべてだ。

- **It's all** beginning to make sense.
  やっと辻褄が合ってきた。

Chapter 1　フレーズの発音変化　77

❸ it's not　　　スナット

- **It's not** a very good reason to quit.
  それは辞めるのにあまりいい理由にならないね。
- **It's not** warm enough to go to the pool yet.
  プールに行くにはまだ寒すぎるよ。
- **It's not** my favorite restaurant, but it's okay.
  私のいちばん好きなレストランじゃないけど、悪くないわよ。
- **It's not** as good as last time.
  この前ほどはよくはないね。
- **It's not** on the menu any more.
  それはもうメニューにはありません。

❹ it's like　　　スライク

- **It's like** the worst feeling you can have!
  最悪の気分って感じだよ！
- **It's like** everybody knows each other except me!
  私以外、全員お互いのことを知ってるみたいよ！
- **It's like** the greatest day of my life!
  私の人生で最高の日って感じだわ！
- **It's like** my favorite band!
  僕のお気に入りのバンドって感じ！
- **It's like** being in a movie!
  まるで映画の中に入ったみたいだ！

❺ it's not like　　　スナライク

- **It's not like** we're married or anything like that!
  私たち、結婚しているとか、そういうのじゃまったくないし！
- **It's not like** Chinese food, but it has an Asian taste.
  中華料理じゃないんだけど、アジアっぽい味がする。
- **It's not like** my home town at all, but there are similarities.
  私の生まれ故郷とは全然違うけど、似ているところがたくさんある。
- **It's not like** his other movies.
  彼のほかの映画とは違う感じだ。
- **It's not like** I remembered it.
  それは、覚えていないようです。

❻ it's kind of　　　　　　　　　スカイナ

- **It's kind of** cold for this time of year.
  この時期にしてはちょっと寒いね。
- **It's kind of** different from how I remember it.
  記憶していたのとちょっと違うな。
- **It's kind of** late to be calling, don't you think?
  電話してるにはちょっと時間が遅すぎると思わない？
- **It's kind of** hot in here.
  この中はちょっと暑いね。
- **It's kind of** quiet today.
  今日はなんだか静かだね。

❼ it's kind of like a　　　　　スカイナライカ

- **It's kind of like a** Burgundy or a Chianti.＊
  ちょっとバーガンディかキアンティみたいな感じよ。(＊いずれもワイン産地の名前)
- **It's kind of like a** miniskirt, but it's longer.
  ミニスカートみたいなものだけど、もうちょっと長いの。
- **It's kind of like a** comedy version of *The Godfather*.
  なんとなく『ゴッドファーザー』のコメディー版みたいな感じだよ。
- **It's kind of like a** place I know in Baltimore.
  ちょっとボルチモアの知っている場所みたいだ。
- **It's kind of like a** restaurant I went to in Rome.
  ローマで入ったレストランみたいだ。

❽ it's the only　　　　　　　　スオウンリ

- **It's the only** thing I remember about him.
  彼のことで覚えていることっていったら、それぐらいしかないよ。
- **It's the only** thing I need to focus on.
  僕は、そのことだけに集中していればいいんだ。
- **It's the only** place I know around here that doesn't have a cover charge.
  僕が知っている限り、このあたりでカバーチャージがないのは、そこだけだよ。
- **It's only** my second time here.
  ここに来たのは、ほんの2回目です。(＊ It's only も同じ音に変化)

- **It's only** eight o'clock. Why do you want to leave?
  まだ８時だよ。どうして帰りたいのさ？

❾ it's going to　　　スゴナ

- **It's going to** rain later in the afternoon.
  午後の遅い時間に雨が降るよ。
- **It's going to** be a great party. I hope you can join.
  いいパーティになるよ。君も来られるといいな。
- **It's going to** take about one hour by car.
  車でだいたい１時間ぐらいかかるよ。
- **It's going to** be an interesting discussion.
  おもしろい議論になりそうだね。
- **It's going to** get harder to do if you postpone it.
  先延ばしにすれば、こなすのが難しくなるよ。

❿ it's been　　　スビン

- **It's been** a really long time since we met.
  出会ってからずいぶん時間が経っている。
- I think you should call again. **It's been** a few hours.
  もう一度電話したほうがいいと思うよ。数時間経っているから。
- **It's been** really great talking with you.
  話ができてよかったです。
- **It's been** the best time I've had in a long time.
  ここ当分では最高の時期だな。
- **It's been** really nice meeting you.
  あなたに会えて、ほんとうによかったです。

Skit で聴いてみよう！

● デートの待ち合わせ

A: Hi! Sorry I'm late. How long have you been waiting?
B: **It's been** about ten minutes. No problem.
A: **It's kind of** hot for this time of year, isn't it?
B: Yeah. I think **it'll** be a little cooler tomorrow though.
A: So, shall we go to our usual coffee shop? **It's the only** place I know around here.
B: Let's try another place I know. **It's kind of** far from here, but it's really nice.

A: やあ！ 遅れてごめん。どのぐらい待った？
B: 10分ぐらい経ったかな。気にしないで。
A: この時期にしてはちょっと暑いよな？
B: うん。でも明日はもう少し涼しくなると思うわ。
A: じゃあ、いつものコーヒーショップに行こうか。ここら辺で知ってるのってそこしかないんだ。
B: 私が知っている別のところに行ってみようよ。ちょっと遠いけど、とてもすてきよ。

16…be going to のルール

　be going to … の形で使われる going to の発音は、going の末尾の g 音が脱落、さらに to の t 音が抜けてしまい、「ゴウイナ」と発音されることがあります。ここで紹介するのはそれがさらに縮まった「ゴナ／ガナ」という言い方です。

[1] going は末尾の g が抜け落ちる。
[2] to は t 音がなくなり、弱く「ア」と発音される。
[3] going + to では「ゴウイナ」と発話。
[4] さらに「ゴウイナ」が短くなり「ゴナ」「ガナ」と発音される。

練習 1　❶〜❻のフレーズを CD で聴いてみよう！　CD 1-47

❶ **I'm going to**　➡ アイムゴナ／オームナ
……I'm [アイム] + going to [ゴナ] で「アイムゴナ」と発音。さらに短くなり、「オームナ」のように聴こえる場合も多い。

❷ **you're going to**　➡ ユゴナ
……you're は弱く「ユ」と発音。後ろに、going to [ゴナ] が続く。

❸ **he's going to**　➡ ヒズゴナ
……he's は短く「ヒズ」、あとに「ゴナ」が続く。

❹ **she's going to**　➡ シーズゴナ
……she's は「シーズ」と発音。あとは ❸ と同様。

❺ **we're going to**　➡ ワーゴナ
……we're は、短く弱く「ワー」のように聴こえる。

❻ **they're going to**　➡ ザーゴナ
……they're は、弱く「ザー」と聴こえる。

練習 2　聴き取り大特訓！
音変化に注意しながら、次のセンテンスを聴き取ろう！

CD 1-48

❶ I'm going to   〔アイムゴナ／オームナ〕

- **I'm going to** send you an email in a few minutes.
  数分で、そちらにメールをします。
- **I'm going to** ask her out next time I see her.
  この次、彼女に会ったときに、デートに誘うんだ。
- **I'm going to** need a few more days to finish.
  終えるのには、あと数日必要だ。
- **I'm going to** spend a few days at the beach.
  海辺で数日間過ごすんだ。
- **I'm going to** pick up a few things on my way home.
  帰りがけにいくつか買い物をしていくよ。

❷ you're going to   〔ユゴナ〕

- **You're going to** need a warm jacket if you stay out late.
  遅くまで出かけているんだったら、暖かいジャケットが必要になるよ。
- **You're going to** take that back to the rental shop, right?
  それ、レンタルショップに返しに行くんだろう？
- I heard **you're going to** switch majors next semester.
  来学期、専攻科目を変えるんだってね。
- They told me **you're going to** live abroad this summer.
  この夏、海外で暮らすって彼らから聞いたよ。
- I just know **you're going to** give a great speech!
  君はきっとすばらしいスピーチをするよ！

❸ he's going to   〔ヒズゴナ〕

- **He's going to** help us with this project.
  彼はこのプロジェクトに手を貸してくれる。
- I think **he's going to** become head coach next season.
  彼は来シーズン、ヘッド・コーチになると思うよ。
- I don't think **he's going to** like it if you do that.
  そんなことしたら、彼がよく思わないと思うよ。

- **He's going to** be really excited when I tell him this!
  このことを彼に伝えたら、きっと大よろこびするよ！
- I think **he's going to** pretend like he didn't know.
  彼はきっと知らなかったふりをすると思うよ。

❹ she's going to　　　シーズゴナ

- **She's going to** call me from the station.
  彼女は駅から電話をくれることになっている。
- If she's late again, **she's going to** hear about it from her boss!
  彼女がまた遅刻したら、上司から言われるぞ！
- I think **she's going to** make an announcement today or tomorrow.
  彼女はたぶん、今日か明日発表すると思うよ。
- **She's going to** wait a few more days before she decides.
  決断するまでに、彼女は２、３日おくつもりだ。
- I'm pretty sure **she's going to** dump him.
  彼女はおそらく彼と別れるんだと思うよ。

❺ we're going to　　　ワーゴナ

- **We're going to** miss the deadline unless we speed up.
  ペースを上げないと、締め切りに間に合わないよ。
- **We're going to** have a party. Do you want to come?
  パーティーをするんだ。君も来たい？
- They think **we're going to** blow our lead, but we'll show them!
  彼らは私たちがへまをして首位を譲ると思っているが、そうはいかないことを見せてやる！
- I'm pretty sure **we're going to** need to hire some more people.
  おそらくもっと人を雇わなくちゃならないと思うよ。
- **We're going to** be finished shooting the movie next month.
  映画の撮影は来月完了します。

❻ they're going to　　　　　　ザーゴナ

- **They're going to** have another baby!
  彼ら、また赤ちゃんができたんだって！
- **They're going to** have to make some changes to the contract.
  彼らは契約書を修正しなくちゃならない。
- **They're going to** pay all my moving expenses.
  引越し代を彼らがすべて払ってくれる。
- He's hoping **they're going to** increase his salary.
  彼は、彼らが給料を増やしてくれると期待している。
- Everybody thinks **they're going to** have to close some stores.
  あの会社は店舗をいくつか閉めなくちゃならないと、だれもが思っている。

Skit は次ページに ➡

Skit で聴いてみよう！

● ふたりの夏の計画

A: So, I'll bet **you're going to** do something exciting this summer vacation.
B: Yeah! **I'm going to** go to the Phillipines and get my scuba license.
A: That sounds fun! **We're going to** spend a month in Hokkaido with my parents.
B: That will be nice and cool.
A: Yes. We'll be helping my father. **He's going to** set up a restaurant in Hakodate.
B: Wow! That sounds like a big plan.
A: Yeah. My parents were farmers, but now **they're going to** move to the big city.

A: 今年の夏休みはなにか楽しいことをするんでしょうね。
B: うん！ スキューバの資格を取りに、フィリピンに行くんだ。
A: 楽しそうね！ 私たちは北海道の両親のところで1カ月過ごすの。
B: 涼しくてよさそうだね。
A: ええ。父の手伝いをするの。函館でレストランを開く予定なの。
B: へえ！ それはすごい計画だね。
A: ええ。両親は農業をしていたんだけど、都会に引っ越す予定なの。

17 **all** のルール

all は日常会話に非常によく登場する語のひとつですね。all の l は頻繁に脱落し、「オー」としか聴こえないことが多いことを覚えておきましょう。ただし、l の音が残って、後ろの語と混じり合うこともあるので、聴き取りはかなり厄介です。

[1] all の l サウンドは、頻繁に脱落する。
[2] all の l が、後続の母音とつながり、1語に聴こえることがある。

練習1　❶〜❽のフレーズを CD で聴いてみよう！ CD 2-02

❶ **all you** ➡ オーユ
……all の l 音は脱落。you は、弱く短く「ユ」と発音される。

❷ **all he** ➡ オーリ（ー）
……all の l のサウンドが he［イ］に連なって聴こえる。

❸ **all she** ➡ オーシ（ー）
……all の l が脱落する。

❹ **all we** ➡ オーウィ
……これも同じルールで、l が脱落する。

❺ **all this** ➡ オーズィス
……all の l の脱落は、やはり同じ。this も弱く、短く発音されることに注意。

❻ **all the** ➡ オーザ
……⑤ と同様。the も短く、弱く発音されるので、聴き取りにくい。

❼ **all of** ➡ オーラ
……all の l サウンドと、of［ァヴ］の頭の［ァ］の音が混じり「ラ」と聴こえる。of の v の音はなくなってしまう。

❽ **all about** ➡ オーラバウ
……⑦ と同じく、all の l と次にくる a の音が連なり、「オーラ」と聴こえる。about の末尾にある t 音は脱落する。

Chapter 1　フレーズの発音変化

練習 2　聴き取り大特訓！
音変化に注意しながら、次のセンテンスを聴き取ろう！

❶ all you　　　〔オーユ〕

- **All you** have to do is ask me!
  あなたは、ただ私にたずねるだけでいいのよ！

- Do you have **all you** need to get started?
  始めるために必要なものはすべて揃ってる？

- **All you** need to think about now is tomorrow's test.
  いま考えればいいのは、明日のテストのことだけよ。

- **All you** need is a little more memory for your computer.
  君に必要なのは、コンピューターのメモリーを増やすことだけだよ。

- **All you** ever do is work!
  君がやっているのは、仕事だけさ！

❷ all he　　　〔オーリ (一)〕

- **All he** said was that he wasn't satisfied with the schedule.
  彼はスケジュールに満足していないとしか言わなかった。

- That was **all he** told me.
  彼が言ってきたのはそれだけだ。

- He was there for ten minutes. He said that was **all he** could spare.
  彼は10分だけそこにいた。それしか時間が作れないと言っていた。

- **All he** remembered was the color of the car.
  彼が覚えていたのは、車の色だけだった。

- **All he** had time for was a couple beers.
  彼には、ビールを2杯飲む時間しかなかった。

❸ all she　　　〔オーシ (一)〕

- **All she** needed was a few more days.
  彼女には、あと数日、それだけが必要だったのだ。

- That was **all she** had time for.
  彼女が作れる時間はそれだけだった。

- **All she** did was complain the whole time!
  彼女は、その間ずっと文句しか言わなかった。

- **All she** ate was some potato chips.
  彼女が食べたのはポテトチップを少しだけだった。

- **All she** had on was a tiny bikini!
  彼女が身につけていたのは、小さなビキニだけだった！

❹ all we   オーウィ

- **All we** know is that this is an important game.
  われわれにわかっていることは、これが重要なゲームであるということだけだ。

- That's **all we** need to focus on right now.
  いま集中しなくちゃいけないことはそれだけだ。

- We spent **all we** have on this place.
  私たちはこの場所に有り金をすべて費やした。

- **All we** can do now is wait!
  いま私たちにできるのは、待つことだけだ。

- **All we** need is for them to like our idea!
  必要なのは、先方にこちらの考えを気に入ってもらうことだけだ。

❺ all this   オーズィス

- You have been here **all this** time?
  いままでずっとここにいたの？

- What's **all this** stuff doing here?
  ここにあるもの全部、どうしてこんなところにあるのさ？

- Do we need to put **all this** stuff in the contract?
  契約書にこれを全部入れなくちゃいけないのかい？

- Where should I put **all this** stuff?
  これ全部、どこに置けばいいの？

- You bought **all this** for twenty dollars?
  これ全部を、20ドルで買ったの？

❻ all the   オーザ

- We talked about him **all the** way home.
  帰宅する途中ずっと、彼について話をした。

- I want to thank **all the** people who helped me.
  僕を援助してくれたすべての人たちに感謝いたします。
- **All the** people who were there seemed to really enjoy it.
  そこにいた人たちは、みんなとても楽しんでいるようだった。
- Of **all the** people I talked to, I like him the best.
  話した人たちの中では、彼がいちばん好きだ。
- When I realized **all the** trouble it would cause, I changed my mind.
  起こりそうなトラブルに気づいて、気持ちを変えたんだ。

❼ all of
オーラ

- **All of** my friends told me I should dump him.
  私の友達はみんな、彼と別れたほうがいいと言う。
- **All of** the places we visited were nice.
  訪れた先は、みんないいところばかりだった。
- He left **all of** his money to his son.
  彼は財産のすべてを息子に残した。
- I left **all of** my homework on the train!
  宿題を全部、電車に置いてきてしまった。
- Can I bring **all of** my stuff with me?
  自分の持ち物を全部持っていっていいですか？

❽ all about
オーラバウ

- The movie is **all about** the advertising industry.
  その映画には、広告業界のすべてが盛り込まれていた。
- I don't like talking to him, because his conversations are **all about** him.
  自分のことばかり話すから、彼と話すのは好きじゃない。
- It's **all about** the gap between rich countries and poor countries.
  問題はすべて、裕福な国々と貧しい国々の間のギャップである。
- I think it's **all about** how much money you have!
  問題は、君がいくら金を持っているかだと思う。
- He told me **all about** his plans for the future.
  彼は将来の計画を全部話してくれた。

Skit で聴いてみよう！

● 仕事の段取りを決める

A: Do you think the boss expects us to finish **all this** before we leave?
B: I don't think so. **All he** said was that we should finish it as soon as possible.
A: Okay. Let's just focus on getting **all of** the stuff on this table finished.
B: That's a good idea. You do **all the** ones over there, and I'll do **all the** ones over here.
A: Good plan! It's **all about** having a good system to work with.
B: Yep!

A: ボスは、帰るまでに俺たちがこれを全部終わらせるのを期待しているのかな？
B: いや、そうではないと思うよ。できるだけ早く終わらせるようにとしか言っていなかったよ。
A: わかったわ。まずこのテーブルの上にあるものを終わらせることに集中しましょう。
B: いいアイデアだ。君はそっちにあるやつをみんなやっつけて、僕はこっちにあるのをみんなやるよ。
A: いい計画ね。問題はやりやすいシステムを作ることよね。
B: そういうこと！

18…about のルール ①

前置詞 about は、t が抜け落ちてしまったり、後ろにくる代名詞などと音が混じり合って聴き取りにくい発音になります。

[1] about の t は頻繁に脱落する。
[2] about の後ろに you がくると、t と y の音が混じり「チュ」という音になる。
[3] about の後ろに him, her, his などの代名詞がくると、t の音が「ダ行[ラ行]」音に変化。him, her, his などの h の音は消える。
[4] about の後ろに a などの母音がきたときも上と同じ変化が起こる。

練習 1　❶〜❻のフレーズを CD で聴いてみよう！ CD 2-05

❶ **about me** ➡ アバウミ
……about の t の音は脱落する。me は軽く「ミ」のような発音。

❷ **about you** ➡ アバウチュ
……about の t の音と、you の y の音が混じり合い、「チュ」に近い音になる（音の同化）。

❸ **about him** ➡ アバウディ[リ]ム
……about の t が後ろにくる「イム＝him」につながることで、「ディ[リ]ム」のような発音に変わる。

❹ **about her** ➡ アバウダ[ラ]ー
……about の t が後ろにくる「アー＝her」につながることで、「ダ[ラ]ー」のような発音に変わる。

❺ **about a** ➡ アバウダ[ラ]
……about her にとても近い発音になる。ただし、「アバウダ[ラ]」と発音し、末尾を about her [アバウダ[ラ]ー] のように伸ばさない。

❻ **about the** ➡ アバウザ
……about の t の音が脱落する。

練習2 聴き取り大特訓！
音変化に注意しながら、次のセンテンスを聴き取ろう！

CD 2-06

❶ about me

アバウミ

- There is a lot **about me** you don't know.
  私のことで、君が知らないことはたくさんあるよ。

- He wrote **about me** on his blog.
  彼はブログに私のことを書いた。

- He doesn't tell the truth **about me**.
  彼は私についてほんとうのことを言わない。

- You don't know enough **about me** to say that.
  そんなことを言うなんて、私のことを知らなさすぎるわ。

- That's enough **about me**. Tell me about you!
  私のことはこの辺で。今度は、君のことについて教えてよ。

❷ about you

アバウチュ

- What **about you**? Do you like sports?
  君はどう？ スポーツは好き？

- I guess I don't know very much **about you**.
  君について、私はあんまりよく知らないみたいだ。

- I read **about you** in the newspaper.
  あなたのこと、新聞で読んだわ。

- I told my friends all **about you**.
  あなたのことを全部、友達に話したわ。

- He asked me **about you**, and I said you were fine.
  彼があなたのことをきいてきたので、元気だと言っておいたわ。

❸ about him

アバウディ [リ] ム

- I recently read an interesting book **about him**.
  最近、彼に関するおもしろい本を読んだ。

- We didn't know much **about him** when we hired him.
  彼を雇ったとき、あまり彼について知らなかった。

- You'll have to say a few things **about him** at the wedding.
  あなた、結婚式では、彼について少し話さなきゃね。

Chapter 1　フレーズの発音変化

- We've never met, but I've heard a lot **about him**.
  彼と会ったことはないけど、噂はたくさん聞いている。
- The way she talks **about him**, you can tell she's in love!
  彼女が彼について話すのを聞いていると、彼のことが好きなのがわかるね！

❹ about her   アバウダ〔ラ〕━

- She told me all **about her** new boyfriend.
  彼女は新しいボーイフレンドについていろいろ話してくれた。
- I heard **about her** injury from her mother.
  彼女のケガについて彼女の母親から聞いた。
- I know **about her** from the magazine article.
  彼女のことはあの雑誌の記事を読んで知っている。
- I talked to her **about her** grades.
  彼女の成績について、彼女と話をした。
- She said her new novel is loosely **about her** childhood.
  彼女の新しい小説は、大まかに彼女の子供時代に関するものだ。

❺ about a   アバウダ〔ラ〕

- I'll need **about a** day to finish.
  終わらせるのに、だいたい1日必要だ。
- Think **about a** place you want to go on vacation.
  休暇でどこに行きたいか考えてよ。
- It's **about a** kilometer from here.
  ここから、だいたい1キロです。
- He talked **about a** change in plans.
  彼は計画の変更について話した。
- Let me tell you **about a** dream I had.
  私が見た夢の話をさせて。

❻ about the   アバウザ

- It's **about the** biggest company in Japan.
  それはおそらく日本でいちばん大きい会社です。
- It's **about the** same size as a 747.*
  それはだいたい747と同じサイズです。（＊747は飛行機の機種名）

- We'll get there **about the** same time.
  われわれは、ほぼ同じ時間にそこへ到着します。
- It's **about the** best pizza place in Chicago!
  そこは、たぶんシカゴでいちばんおいしいピザ屋さんだ！
- You need to let us know **about the** schedule.
  スケジュールについて、われわれに知らせてくれないといけないよ。

Skit で聴いてみよう！

● 大好きな映画

A: So, enough **about me**. How **about you**? What movies do you like?
B: Well, my favorite director is Clint Eastwood. I love his movies!
A: Really? I'm not that crazy **about him**. But I did like the one **about a** lady boxer.
B: *Million Dollar Babies*? Yes, that's my favorite. It's so moving!
A: The character seemed so real. I really cared **about her**.
B: Me too. When she died, it was **about the** most I ever cried in a movie theater!

A: まあ、僕についてはそのぐらいにして。君はどう？ どんな映画が好き？
B: 私の好きな監督はクリント・イーストウッドなの。彼の映画が大好き！
A: ほんとう？ 僕はあんまり好きじゃないな。でも女性ボクサーの映画は好きだったな。
B: 『ミリオンダラー・ベイビー』？ 私もあれがいちばん好き！ すごく感動するわ！
A: 役柄がすごく本物っぽかったね。彼女に感情移入したよ。
B: 私も。彼女が死んだときが、映画館で泣いたのではいちばんだった！

19 … about のルール ②

　引き続き、about に関する音声変化のトレーニングを行いますが、今度は、about の前にくる単語との連携における音の変化に注目します。about が母音で始まる語であるため、前の単語の末尾が「ダ [ラ]」に近い音に変わることなど、聴き取りにくいポイントがたくさんあります。

[1] about の t は多くの場合脱落する。
[2] t や d の音が about の前の単語の末尾にくると、「ダ [ラ]」に近い音になる。
[3] 前にくる k, t などの子音と音がつながって聴こえる場合がある。
[4] about の t だけでなく、a の音も脱落することがある。

練習1　❶〜❽のフレーズを CD で聴いてみよう！　CD 2-08

❶ **What about**　→ ワダ [ラ] バウ
　……What の t 音が about の a に連なるとき、「タ」ではなく、「ダ [ラ]」に近い音に変わる。about の t 音は脱落する。

❷ **How about**　→ ハウバウ
　……about の a と t の音が同時に消失して、「バウ」の音だけが残る。

❸ **right about**　→ ライダ [ラ] バウ
　……right の t と about の a がつながり、「ダ [ラ]」に近い音になる。

❹ **just about**　→ ジャスアバウ
　……just の t が脱落して「ジャス」と聴こえる。about の t も消失する。

❺ **lot about**　→ ラダ [ラ] バウ
　……lot の t と about の a が連なり、「ダ [ラ]」と発音される。

❻ **think about**　→ ティンカバウ
　……think の k の音と、about の a の音が連なって、混じって「カ」と聴こえる。

❼ **know about**　→ ノウアバウ
　……about の t の音が脱落する。

❽ **forget/forgot about** ➡ フォゲダ［ラ］バウ／
フォガダ［ラ］バウ

……forget や forgot の t の音が、about の a に連なることで、「ダ［ラ］」に近い音になる。

練習 2　聴き取り大特訓！
音変化に注意しながら、次のセンテンスを聴き取ろう！ CD 2-09

❶ What about　　　　ワダ［ラ］バウ

- If Thursday doesn't work, then **what about** Friday?
  木曜日が無理なら、金曜日はどう？

- Hmm ... **what about** the pizza place that just opened?
  そうねー。あの開店したばかりのピザ屋さんはどう？

- **What about** renting a bigger van?
  もっと大きなバンを借りたらどう？

- **What about** choosing a different color?
  ほかの色を選んだらどう？

- **What about** the place we went last week?
  先週行ったところはどう？

❷ How about　　　　ハウバウ

- I like sushi, **how about** you?
  僕はスシが好きだな。君は？

- **How about** coming by a little early?
  少し早く来てくれるかな？

- **How about** placing an ad in the newspaper?
  新聞に広告を出すのはどう？

- **How about** I pick you up on the way?
  私があなたを途中で拾うのはどう？

- **How about** calling me when I get back?
  私が戻ったときに電話をくれるのはどう？

❸ right about   ライダ [ラ] バウ

- He should be getting home **right about** now.
  彼、もうすぐ帰ってくるはずよ。
- You were **right about** the weather.
  天気のこと、君の言っていたとおりだったね。
- It's **right about** here on the map.
  それは、地図のここら辺だよ。
- This is **right about** where I saw him yesterday.
  昨日、この辺で彼に会ったんだ。
- It should happen **right about** now.
  それは、もうそろそろ起こるはずだよ。

❹ just about   ジャスアバウ

- It's **just about** time to leave.
  もうすぐ出かける時間だ。
- I'm **just about** to call him.
  ちょうど彼に電話しようとしていたところだ。
- We're **just about** finished.
  もうすぐ終わるところだよ。
- I'm **just about** ready.
  もうすぐ準備できるよ。
- He's **just about** the nicest person I know.
  彼は、知り合いの中では、ほぼいちばんいい人と言っていい。

❺ lot about   ラダ [ラ] バウ

- You seem to know a **lot about** Japanese history.
  日本史についてずいぶん詳しいようだね。
- I don't know a **lot about** the eastern part of America.
  アメリカの東部についてはあまりよく知らないんだ。
- We talked a **lot about** our plans and dreams.
  自分たちの将来の計画や夢についてたくさん話した。
- I learned a **lot about** wine from him.
  彼には、ワインについていろいろ教わった。
- I read a **lot about** him in the newspaper.
  新聞で彼のことをいろいろ読んだ。

❻ think about `ティンカバウ`

- What do you **think about** my idea?
  私のアイデアについてどう思う？
- Will you **think about** staying one more year?
  もう1年残ることを考えてみない？
- I'll have to **think about** this some more.
  この件は、もうちょっと考えてみないと。
- Let me **think about** it and get back to you.
  検討してから、また話をさせてください。
- Try not to **think about** it so much.
  そのことは、あまり考えすぎないようにね。

❼ know about `ノウアバウ`

- Do you **know about** this new rule?
  この新しいルールについて知ってる？
- How much do you **know about** that company?
  あの会社についてどのくらい知ってる？
- I don't **know about** that idea; it sounds risky.
  そのアイデアについてはちょっとわからないなあ。リスクが大きすぎるように思える。
- Do you **know about** the change in plans?
  計画の変更について知っている？
- How much do you **know about** this neighborhood?
  この辺のことはどのくらい知っているのですか？

❽ forget/forgot about `フォゲダ［ラ］バウ／フォガダ［ラ］バウ`

- Don't **forget about** the party next week!
  来週のパーティーのこと、忘れないでね！
- I hope I don't **forget about** calling him.
  彼に電話するのを忘れなければいいんだけど。
- I think we should just **forget about** Friday's plan.
  金曜の計画は、忘れちゃったほうがいいと思うな。
- Oh no! I **forgot about** her birthday!
  いけない！ 彼女の誕生日のこと忘れてた！

- We had so much fun that we **forgot about** the time!
  あまりに楽しくて、時間が経つのを忘れてしまった。

Skit で聴いてみよう！

気まぐれな天気

A: The weather is **just about** perfect today! Do you want to go to the beach?
B: That's too far away. **How about** doing something closer to home?
A: Okay. **What about** the driving range that just opened at the next station?
B: I didn't even **know about** it. You sure do know a **lot about** this area!
A: So, what do you **think about** my idea?
B: It sounds great! Oh, wait a minute ... was that thunder?
A: Yes, it's raining! I guess we'll have to **forget about** our plan. Too bad!

A: 今日の天気、ほとんど完璧ね！ 海に行かない？
B: 海は遠すぎるよ。もう少し近場でなにかしない？
A: いいわよ。隣の駅に最近できたゴルフの練習場まで行くのはどう？
B: そんなのがあるのなんてことさえ知らなかった。君はホントこの辺のことに詳しいね！
A: で、どう思う？
B: いいアイデアだね！ あれ、待てよ。いまの雷？
A: そうだわ。雨が降ってる！ いまの計画は無理みたいね。残念！

20 ... at のルール

前置詞 at は、非常に短いため、聴き逃してしまいがちですが、ほかの語と関連することで音声変化を起こしてしまった場合には、さらに聴き取りにくいものになります。at の t の脱落や、t が「ダ［ラ］行」の音に近づく変化などに注意してください。

[1] at の t の音は、頻繁に消失してしまい「ア」としか聴こえないことが多い。
[2] at が you などにつながるとき、t+y の音が「チュ」と変化する。
[3] at が母音やそれに類する単語につながると、t の音が「ダ［ラ］」行に近い音に変わる。

練習1　❶〜❼のフレーズを CD で聴いてみよう！　CD 2-11

❶ **at me** ➡ アミー
……at の t の音が消え、me に連なるので、「アミー」のような発音になる。

❷ **at you** ➡ アチュー
……at の t 音が you の y 音と混じり、「チュ」と発音される。

❸ **at him** ➡ アディ［リ］ム
……him は「イム」のような発音になる。at +「イム（母音で始まる）」で、「アディ［リ］ム」のように発音される（弾音化）。

❹ **at that** ➡ アザット
……at の t が脱落する。

❺ **at this** ➡ アディス
……④ と同様、at の t 音が消失する。

❻ **at the** ➡ アザ
……これも ④ と同じく、t の音が脱落。非常に短いのでリスニングには注意が必要。

❼ **at least** ➡ アリース
……at の t も、least の t も同時に脱落してしまい、「アリース」と発音される。

Chapter 1　フレーズの発音変化

練習2 聴き取り大特訓！
音変化に注意しながら、次のセンテンスを聴き取ろう！

CD 2-12

❶ at me　　　　アミー

- That guy over there keeps staring **at me**.
  あっちにいる男が、何度もこっちをじろじろみるんだ。
- He was angry **at me** because I forgot to turn the lights out.
  私が電気を消すのを忘れたから、彼、怒ってたの。
- Everybody laughed **at me** when my hat blew off.
  私の帽子が飛ばされたとき、みんな笑っていた。
- The car was coming right **at me**.
  その車は、まっすぐ私に向かって進んできた。
- I don't like the way he looked **at me**.
  彼が私を見るときの、その見方が嫌だった。

❷ at you　　　　アチュー

- Didn't you see that I was waving **at you**?
  君に手を振っていたの見なかった？
- Look **at you**! That outfit is perfect!
  あなたすてきね！ その服、ぴったりじゃない！
- He had no right to yell **at you** like that!
  君にあんなふうに怒鳴る権利は、彼にはなかったよ。
- He smiled **at you** as he walked by.
  彼が通り過ぎるとき、君に向かってにっこりしてた。
- Come here and let me look **at you**!
  こっちに来て、顔を見せてごらん。

❸ at him　　　　アディ［リ］ム

- I looked **at him** to make sure he was listening.
  彼がちゃんと聞いていることを確認するために、彼のことを見た。
- She gazed **at him** with loving eyes.
  彼女は愛情いっぱいの目で、彼を見つめた。

- When he first told people about his idea, they all laughed **at him**.
  彼がはじめて自分のアイデアを人に話したとき、だれもが彼を笑った。

- I only looked **at him** for a second or two.
  私は、ほんの数秒、彼を見た。

- I yelled **at him** for being so late.
  すごく遅れてきたので、彼を怒鳴りつけた。

❹ at that　　　　　　　　　　　アザット

- I don't eat **at that** restaurant anymore.
  私はもうあのレストランでは食べない。

- I stopped **at that** place before going home.
  うちに帰る前にあそこに寄った。

- I get off **at that** station.
  私はいつもあの駅で降りています。

- I'm usually in bed **at that** hour.
  その時間は、私はふだんもう寝ています。

- **At that** time of day I'm usually out to lunch.
  そのくらいの時間は、たいていランチに出かけています。

❺ at this　　　　　　　　　　　アディス

- It's usually not so humid **at this** time of year.
  ふだん、この時期は、そんなに湿気がない。

- We've had a lot of fun **at this** place in the past.
  昔よくここで、みんなで楽しい時間を過ごした。

- **At this** point, they aren't ready to decide.
  いまの時点では、彼らは決断する準備ができていない。

- We were supposed to meet right **at this** spot.
  われわれは、この場所で会うはずだった。

- I'll have a look **at this** when I get back to my office.
  オフィスに戻ったら、これを見てみますね。

❻ at the　　　　　　　　　　　　　　　アザ

- I'll call you **at the** right time.
  最適な時間に電話しますよ。
- I'll meet you **at the** coffee shop.
  コーヒーショップで会おう。
- I saw you **at the** trade show.
  展示会で君のことを見たよ。
- Let's try to get a cab **at the** next corner.
  次の角でタクシーを拾ってみよう。
- I'll pick up some things **at the** supermarket.
  スーパーで、ちょっと物を買ってきます。

❼ at least　　　　　　　　　　　　　　アリース

- **At least** we got to see the second half of the show.
  少なくとも、ショーの後半が見られたわ。
- **At least** five hundred people were in the audience.
  観客席に最低 500 人はいたわ。
- **At least** seven people came up and asked for my email address.
  最低 7 人は、私のところへ来て、メールアドレスをたずねたわ。
- It's still hot, but **at least** it's cooler than yesterday.
  まだ暑いけど、少なくとも昨日よりは涼しいわ。
- **At least** everybody was able to share their views.
  少なくとも、みんなが見解を分かち合えた。

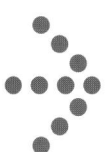

Skit で聴いてみよう！

● 向こうで手を振る男性　CD 2-13

A: That guy at the corner was waving **at you**. Do you know him?
B: Yeah, he's a waiter **at this** restaurant. Didn't you recognize him?
A: That's right! Oh, I should have waved back **at him**.
B: It's no big deal. He was waving **at me** because we had a long chat yesterday.
A: I see. What did you talk about?
B: He's planning to move to England. **At least** he's thinking about it.

A: あの角にいる男が君に手を振っていたよ。知っている人？
B: うん。このレストランのウェイターさんよ。気がつかなかった？
A: そうか！ 彼に手を振るべきだった。
B: たいしたことじゃないわよ。なんで私に手を振っていたかというと、昨日、長いこと話をしたからなの。
A: そうなんだ。なんの話をしたの？
B: 彼、イギリスに引っ越す予定なの。少なくともそのことを考えているらしいの。

21 **on**と**in**のルール

onとinが後ろの語句とつながるときにも、よく音の変化が生じます。onやinのnの音が、あとにくる母音と混じり合い一体となって、「ナ」行の音に聴こえるのが大きな特徴です。themなどがあとにくると、themのthの音まで脱落してしまうといったことも起こります。

[1] inやonは、あとにくる母音と連結して「ナ」行の音に聴こえる。
[2] herやhimなど、hで始まる代名詞はh音が脱落するので、[1]と同じ現象が起こる。
[3] theirやthemなど、thで始まる語があとにくる場合、th音が消失することが多い。

練習1　❶～❻のフレーズをCDで聴いてみよう！ （CD 2-14）

❶ **on his** ➡ オニズ
……hisのhが脱落し、「イズ」という発音になる。on＋「イズ」で、音が連なって「オニズ」と聴こえる。

❷ **in his** ➡ イニズ
……①と同じく、hisは「イズ」になる。inと「イズ」が連なり、「イニズ」のように発音される。

❸ **on her** ➡ オナー
……herは「アー」という音になる。onと「アー」が連なって、「オナー」と聴こえる。

❹ **in her** ➡ イナー
……③と同様の現象が起こるので、「イナー」という発音になる。

❺ **on them** ➡ オネム
……themのthサウンドが脱落するため「エム」という音になる。on＋「エム」と音が連なることで、「オネム」と聴こえる。

❻ **in them** ➡ イネム
……⑤と同じ現象によって「イネム」という発音に変わる。

練習2　聴き取り大特訓！
音変化に注意しながら、次のセンテンスを聴き取ろう！

CD 2-15

❶ on his　　　オニズ

- It says **on his** resume that he went to Harvard.
  彼の履歴書には、ハーバードに通ったと書いてある。
- **On his** report the schedule is different.
  彼のレポートにあるスケジュールは異なっている。
- He bought some beer **on his** way home.
  彼は帰り道にビールを買った。
- He got some mustard **on his** shirt.
  彼はシャツにマスタードをつけてしまった。
- He was **on his** best behavior.
  彼はとても行儀よく振る舞っていた。

❷ in his　　　イニズ

- He was standing there **in his** bathing suit!
  彼は水着でそこに立っていた！
- I knew him **in his** twenties.
  彼が20代の頃のことを知っている。
- When he was **in his** teens, he was a great pitcher.
  彼は10代の頃、すばらしいピッチャーだった。
- I found it **in his** apartment.
  彼のアパートで、それを見つけたの。
- **In his** first role, he played a vampire.
  彼のはじめての役柄は、ヴァンパイアだった。

❸ on her　　　オナー

- She spilled coffee **on her** dress.
  彼女はドレスにコーヒーをこぼしてしまった。
- I spoke to her **on her** way out.
  彼女が出て行くときに話をした。
- I think that song is **on her** second album.
  その歌は、彼女の2枚めのアルバムに入っていると思うよ。

Chapter 1　フレーズの発音変化　107

- **On her** way to the office, she stopped at the bank.
  彼女はオフィスに行く途中に銀行に寄った。

- I met her **on her** first day of work.
  彼女とは、彼女の出社初日に出会った。

❹ in her　　　　　　　　　　　　　イナー

- **In her** first novel, she tries too hard to impress.
  はじめの小説では、彼女は格好をつけすぎている。

- **In her** version of events, you were the one who was wrong.
  彼女の成り行きの説明では、間違っていたのは君なのだそうだ。

- **In her** youth, she wrote poetry.
  彼女は若い頃、詩を書いていた。

- She was talking **in her** loudest voice.
  彼女は精一杯、声を張り上げて話していた。

- **In her** free time, she paints and writes.
  彼女は暇なときは、絵を描いたり、物書きをしたりしている。

❺ on them　　　　　　　　　　　　　オネム

- You can count **on them** to be there on time.
  彼らは時間どおりに来るから、あてにしていて大丈夫だ。

- If you look carefully, you can see the corrections **on them**.
  気をつけてみると、直されている場所がわかる。

- I didn't spend enough time **on them** to do a good job.
  いい仕事をするのに、十分な時間をかけられなかった。

- You better pour some water **on them** (plants) before they die.
  （植物が）死んでしまう前に、水をかけてあげたほうがいいよ。

- I read the report **on them**, and I decided to go with another company instead.
  その会社の報告書を読んで、別の会社を選択することにした。

❻ in them　　　　　　　　　　　　　イネム

- The files have important information **in them**.
  そのファイルには、重要な情報が入っている。

- I thought those jeans were too big, but you look good **in them**.
  そのジーンズは大きすぎるかと思ったが、とてもよく似合っているよ。
- Put your business card **in them** before handing them out.
  それを配る前に、自分の名刺を入れておきなさい。
- Big cities are too noisy and crowded. I can't live **in them**.
  大きい都市はうるさくて人が多すぎる。私は住めないな。
- His songs have a lot of humor **in them**.
  彼の歌はユーモアたっぷりだ。

Skit で聴いてみよう！

● 面接の評価

A: What about this guy? It says **on his** resume he was at the top of his class.
B: You can't really go just by resumes. People put lots of stuff **on them** that isn't true.
A: Well, he did pretty good **in his** interview too.
B: I'd rather go with this lady. **In her** interview she was very impressive.
A: I spoke to her **on her** way out. I thought she seemed a little cocky!
B: Maybe, but this job calls for someone who is really confident.

A: この男はどうだ？ 履歴書に学年でトップだったと書いてある。
B: 履歴書だけで判断するべきじゃないわ。ほんとうではないことを書く人がよくいるから。
A: 彼は面接でもけっこういい線いっていたよ。
B: 私はこっちの女性のほうがいいな。面接で彼女はかなり見事だったわ。
A: 彼女が出て行くときに話したよ。少しお高い感じがすると思ったけど。
B: そうかもね。だけど、この仕事は自信がある人でないとできないわよ。

22 … **out** のルール

out のつくフレーズは、日本でも有名な「チェキダウ」に代表されるように、音の変化が顕著に起こります。ここでは、out がその前後に単語を伴ったときの変化をチェックしておきましょう。

[1] out の後ろに母音がくると、out の t が「ダ[ラ]」行に近い音になる。
[2] out の t の音は、頻繁に脱落して消えてしまう。
[3] out の o は、前の単語の最後の音と混じって1語のように聴こえることがある。

練習1　❶～❻のフレーズをCDで聴いてみよう！　CD 2-17

❶ **out of** ➡ アウダ[ラ]
……out の t の音が、後ろの of [アヴ] に連なるとき、「ダ[ラ]」に近い音に変わる。of の v の音は脱落する。

❷ **look out** ➡ ルックアウ
……out の t の音が脱落する例。

❸ **went out** ➡ ウェナウ
……went の t 音も、out の t 音も消失。「ウェン」+「アウ」が混じり合って、「ウェナウ」と聴こえる。

❹ **make out** ➡ メイカウ
……make の末尾の k の音と out が連なって、「メイカウ」と聴こえる。out の t は脱落。

❺ **check them out** ➡ チェケマウ
……them は th の音が脱落し、「エム」の音だけが残る。out は t が脱落して「アウ」になる。check [チェック] +「エム」+「アウ」で、「チェケマウ」と聴こえる。

❻ **check it out** ➡ チェキダ[ラ]ウ
……it の t が「ダ[ラ]」に近い音に変化する。out の t は脱落してしまう。

練習2　聴き取り大特訓！
音変化に注意しながら、次のセンテンスを聴き取ろう！

CD 2-18

❶ out of
アウダ［ラ］

- We're **out of** milk; would you get some?
  牛乳を切らせてしまってるの。買ってきてくれる？
- We're **out of** time, so just one more question.
  もう時間がないので、質問はあとひとつだけでお願いします。
- I'm **out of** here!
  もう帰るわよ！
- Everybody **out of** the pool!
  全員プールから出てください！
- I'm just about **out of** ideas.
  もうほとんどアイデア切れだ。
- What time do you get **out of** school?
  学校は何時に終わるの？

❷ look out
ルックアウ

- **Look out** for a good bargain, okay?
  お買い得なものがあるか、探してよね。
- Would you **look out** for her when she's in Tokyo?
  彼女が東京に来たとき、面倒をみてあげてくれる？
- You have to **look out** when you ride a bike on that street.
  道路で自転車に乗るときは、気をつけないといけないよ。
- **Look out**! You're going to spill that!
  気をつけて！ それ、こぼれちゃうよ！
- If you **look out** from the top floor, the panorama is amazing!
  最上階から見渡すとパノラマがすばらしいよ！

❸ went out
ウェナウ

- I **went out** for a few drinks.
  私は、ちょっと飲みに出かけた。
- She **went out** for lunch.
  彼女はお昼を食べに出かけた。

- We **went out** a few times, but it wasn't serious.
  私たち何回かデートしたけど、つき合うほどじゃなかったわ。
- He **went out** for about an hour.
  彼は1時間ほど出かけた。
- I **went out** for some fresh air.
  私は新鮮な空気を吸いに外に出た。

❹ make out　　　メイカウ

- How did you **make out**?
  どうでした？
- I couldn't **make out** what he was saying.
  彼がなにを言っているか聞き分けられなかった。
- I can't **make out** his handwriting.
  彼の肉筆は読み取れない。
- Did you **make out** the last bit he said?
  彼の話の最後の部分、わかった？
- We didn't **make out** so well this month.
  今月、われわれはあまりうまくやることができなかった。

❺ check them out　　　チェケマウ

- Those look good. I think we should **check them out**.
  この辺のやつよさそうだね。見てみようよ。
- You should carefully **check them out** before you buy them.
  買う前に、ちゃんと確認したほうがいいよ。
- Have him **check them out** during his business trip.
  出張中に、彼にチェックしてもらいなさい。
- Always **check them out** carefully before sending them on.
  次に回す前に、必ずしっかりチェックするように。
- These look good. But I'll **check them out** one more time.
  これらは大丈夫そうだけど、もう一度チェックしてみるよ。

❻ check it out　　　チェキダ［ラ］ウ

- Would you **check it out** for me?
  私のために確認してくれるかな。

- Hey, **check it out**!
  ちょっと、見てよ！
- I want to **check it out** before I decide to buy it.
  買うと決める前に確認したいの。
- Can I **check it out** before you return it to the store?
  お店に返す前に確認させてもらっていい？
- I'd like to **check it out** for defects.
  不具合がないか確認したいんです。

Skit…で聴いてみよう！

● 安売りの魅力

A: Hey, **Check it out**! That store is having a sale!
B: **Look out**! Are you **out of** your mind! You can't cross the street here!
A: Sorry! But it looks like they've got some great things on sale.
B: Okay, okay. We can go **check them out**. But we have to cross at the signal!
— Later.
A: See! I told you they have some great deals here!
B: They sure do! I can't **make out** how they can sell these things so cheaply!

A: ねえ、見て！　あの店、セールしてるわ。
B: 気をつけろよ！　バカじゃないの？　こんなところで道を渡っちゃだめだよ。
A: ごめんごめん。でも、あのお店、いいものを安売りしてるみたいだから。
B: わかったわかった。見に行こうよ。でも信号で渡らないとだめだよ。
——少しして
A: ほら！　すごい値引きしてるって言ったでしょ！
B: ほんとだね！　こういうものを、どうやってこんなに安く売れるのか理解できないよ！

23 with のルール

with の発音では、th の音がなくなってしまったり、th が後ろの単語の音と混じり合ったりすることで、日本人の耳になじみにくい変化を起こします。また、発音されるときのスピードが速いことも、with を含むフレーズが聴き取りにくい一因になっています。

[1] with の th は、早口で話されると、脱落する場合がある。
[2] with の th の音は、後ろにくる母音と混じり合って聴こえることがある。

練習 1　❶～❻のフレーズを CD で聴いてみよう！　CD 2-20

❶ **with me** ➡ ウィミ
……th の音声がなくなってしまう。me は短く「ミ」と発音される。

❷ **with you** ➡ ウィ（ズ）ユ
……① とは少し異なり、th の音が短くかすかに残って聴こえる。

❸ **with him** ➡ ウィズィム
……th の音は残っているが、後ろの him［イム＝ h 音が脱落］と連なって 1 語のように聴こえる。

❹ **with his** ➡ ウィズィズ
……his は、h の音が落ち「ィズ」のようになる。with +「ィズ」で、「ウィズィズ」のように発話される。

❺ **with her** ➡ ウィザー
……her も h の音が脱落し、「ァー」のような音になる。with +「ァー」で、「ウィザー」と聴こえる。

❻ **with them** ➡ ウィゼム
……them の th の音がなくなり、with に連なるので、「ウィゼム」のように聴こえる。with that や with this などでも同様の変化が起こる。

練習2　聴き取り大特訓！
音変化に注意しながら、次のセンテンスを聴き取ろう！

CD 2-21

❶ with me　　　　ウィミ

- Would you go to the dance **with me**?
  ダンスパーティーにいっしょに行ってくれないかな？
- Can I bring a friend **with me**?
  友達を連れていってもいい？
- I want a picture **with me** by the waterfall.
  自分が滝のところ映っている写真がほしいの。
- Come **with me** to see the movie.
  いっしょに映画を観に行こうよ。
- Do you want to come **with me** to the rental shop?
  レンタルショップに、いっしょに行ってほしいの？

❷ with you　　　　ウィ（ズ）ユ

- I saw the commercial **with you** playing the piano.
  君がピアノを弾いているコマーシャルを見たよ。
- I'll go back **with you** if you wait a few minutes.
  ちょっと待ってくれれば、いっしょに戻ってあげるよ。
- I can't concentrate **with you** making so much noise!
  君があまりにうるさくするから、集中できないよ！
- I can't go **with you** after all.
  やっぱり君とは行けないよ。
- I'm going to come **with you** to the store.
  お店まで、君といっしょに行くつもりだ。

❸ with him　　　　ウィズィム

- He brought his kids **with him**.
  彼は、自分の子供を連れてきたよ。
- I was only **with him** for a short time.
  私、彼とはほんのちょっとしかいっしょにいなかったわ。
- He took it **with him** when he left.
  それは、彼が帰るときに持っていったよ。

- He had his baseball glove **with him**.
  彼は野球のグローブを持っていたよ。

- Are you going to go **with him** to the dance?
  彼といっしょにダンスにいくつもりかい？

❹ with his   ウィズィズ

- He charmed everyone **with his** smile.
  彼はあの笑顔でみんなを虜にした。

- I saw him **with his** new girlfriend.
  彼がガールフレンドといっしょにいるところを見たよ。

- He looked good **with his** new hairstyle.
  彼は新しい髪型がよく似合っていた。

- He was talking **with his** friend.
  彼は友達と話をしていた。

- I'm not happy **with his** attitude.
  彼の態度は不愉快だ。

❺ with her   ウィザー

- She broke up **with her** boyfriend.
  彼女は彼氏と別れた。

- I'd like to go **with her** to the party.
  彼女といっしょにパーティーに行きたいと思っている。

- I was very impressed **with her** presentation.
  彼女のプレゼンテーションにはとても感心した。

- I saw her **with her** parents at church.
  彼女が両親と教会にいるのを見た。

- I was **with her** when she gave the speech.
  彼女がスピーチしたとき、いっしょにいた。

❻ with them   ウィゼム

- I was **with them** the whole time.
  私はその間、ずっと彼らといっしょにいた。

- They didn't bring their contracts **with them**.
  彼らは契約書を持ってこなかった。

- Please stay **with them** until I get there.
  私がそちらに到着するまで、彼らといっしょにいてください。
- I need to go **with them** to the station.
  彼と駅までいっしょに行かなければならない。
- I was only **with them** for a short time.
  彼らといっしょにいたのは、ほんのわずかな間です。

Skit で聴いてみよう！

● ワイルドなヘアスタイル

CD 2-22

A: Have you seen Tom **with that** new hairstyle?
B: Yeah. I saw him **with his** girlfriend the other day. It's pretty wild!
A: I was **with him** when he got it! I tried to talk him out of it.
B: It's not so bad. I think it's kind of cool!
A: Really? Would you want your boyfriend to look like that?
B: Sure, why not? It's okay **with me** if he wants to get a little creative.

A: トムの新しい髪型を見た？
B: うん。この前、彼が彼女といっしょにいるところを見たわよ。かなり奇抜（ワイルド）よね！
A: あの髪型にしたとき、いっしょにいたんだ！やめるように説得しようとしたんだけど。
B: そんなに悪くないわよ。けっこうカッコいいと思うわ！
A: そう？君は彼氏にあんな髪型にしてほしいと思う？
B: うん、いいわ。彼がちょっとクリエイティヴになりたいと思うのなら、私はかまわないわ。

24 of のルール ①

of は、センテンスの中では、基本的に「オヴ」ではなく「ァヴ」と発音しますが、多くの場合、「ヴ」の音までなくなってしまい、「ァ」としか聴こえなくなります。そこが of の聴き取りを難しくしているポイントです。

【1】of [ァヴ] の発音では、多くの場合、「ヴ」の音が消えてしまうので、「ァ」という小さな音しか残らない。

【2】小さくなった「ァ」という音は、前の単語と混じり合って聴こえてくる。

練習1　❶〜❺のフレーズを CD で聴いてみよう！　CD 2-23

❶ **all of** ➡ オーラ
……of の「ヴ」が落ちてしまい、「ァ」という音になる。all +「ァ」で、「オーラ」のように聴こえる発音になる。

❷ **back of** ➡ バッカ
……back に「ァ」の音が連なるため「バッカ」という発音になる。

❸ **cup of** ➡ カッパ
……これも①、②と同様、cup +「ァ」で「カッパ」と聴こえる発音になる。

❹ **couple of** ➡ カプラ
……couple の最後の音「ル」と、of の「ァ」という発音が連なって、「ラ」と聴こえる。

❺ **kind of** ➡ カイナ
……kind の末尾の d の音が脱落して「カイン」となり、それに「ァ」が連なることで、「カイナ」と聴こえる。

練習 2 聴き取り大特訓！
音変化に注意しながら、次のセンテンスを聴き取ろう！

CD 2-24

❶ all of
オーラ

- I need to finish **all of** my work by tomorrow.
  明日までに仕事をすべて終わらせなくてはならない。
- Here's a list of **all of** the people that are coming.
  これが参加者全員のリストだよ。
- Did you drink **all of** the beer in the refrigerator?
  冷蔵庫に入っていたビール、全部飲んじゃったの？
- I spent **all of** my money on a new car.
  新しい車に有り金を全部使っちゃったよ。
- I know **all of** the best places to go dancing!
  ダンスに最高な場所なら、全部知ってるよ。

❷ back of
バッカ

- You can find the keys in the **back of** the locker.
  カギはロッカーの奥にあるよ。
- That's my friend in the **back of** the picture.
  写真の奥にいるのは、僕の友達だよ。
- There was a strange man in the **back of** the train.
  電車の後ろのほうに、変な男の人がいた。
- The report is probably in the **back of** my desk.
  その報告書、おそらく机の奥のほうにあるよ。
- The music CDs are in the **back of** the store.
  音楽 CD は店内の奥のほうにあります。

❸ cup of
カッパ

- Let's get a **cup of** coffee and talk it over.
  コーヒーを 1 杯買ってから、その話をしようよ。
- I can't do anything until I've had my first **cup of** coffee in the morning.
  朝いちばんにコーヒーを飲んでからでないと、なにもできないんだ。

- The recipe calls for a **cup of** sugar, but I use honey instead.
  レシピには、砂糖１カップとあるけど、代わりにハチミツを使うの。

- Would you like a **cup of** tea before we start?
  始める前にお茶を１杯いかがですか？

- It's so cold! I'd like a **cup of** hot soup.
  すごく寒いね！ 熱いカップスープを飲みたいな。

❹ couple of　　カプラ

- I only know a **couple of** people here.
  ここにいる人たち、２人ぐらいしか知らないわ。

- I'll need a **couple of** hours to finish this.
  これを終えるのに、２時間ほど必要だ。

- There are a **couple of** things I need to go over with you.
  あなたと話さなければならない件が、２、３あるのですが。

- He had a **couple of** hit singles a few years ago, but nothing recently.
  彼は何年か前に、２、３曲ヒットがあったけど、最近はないね。

- We only have a **couple of** days to prepare!
  準備するのに２日くらいしかないよ！

❺ kind of　　カイナ

- I'm getting **kind of** tired of my job.
  仕事が、なんとなく嫌になってきているんだ。

- It's **kind of** late to be having such a big dinner.
  こんなごちそうを食べるには、ちょっと遅くないか？

- He **kind of** looks like his father, but he's better looking.
  彼、お父さんに少し似てるけど、もっと男前だな。

- That's not really my **kind of** music.
  それ、あまり私の好みの音楽じゃないな。

- She seems **kind of** shy. Is she always like that?
  彼女、少し人見知りって感じね。いつもああなの？

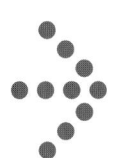

Skit で聴いてみよう！

● 通勤電車のストレス

A: You look **kind of** tired. Are you okay?
B: I'm stressed! I couldn't get a seat today, and I had to stand for **all of** my commute!
A: Oh, I hate that!
B: Yeah, and a **couple of** teenagers in **back of** me were blasting music out of their headphones!
A: You need to wind down! Let me buy you a **cup of** coffee!

A: ちょっと疲れているようね。大丈夫？
B: ストレスがたまってるんだ。今日、席がなくて、通勤の間ずっと立ちっぱなしだったんだ。
A: ああ、それって最悪よね！
B: うん。しかも後ろにいた10代のやつらが、ヘッドホンからうるさい音楽を流してたんだ。
A: ちょっと落ち着かないと！ コーヒーを1杯おごってあげるから！

25 of のルール ②

of に連なって聴き取りにくくなる語句は、まだまだたくさんあります。このユニットと次のユニットまで使って、of の音声変化を追いかけていきましょう。どれも日常会話に頻出のフレーズばかりです。

[1] of［アヴ］の発音では、多くの場合、「ヴ」の音が消えてしまうので、「ァ」という小さな音しか残らない。
[2] 小さくなった「ァ」という音は、前の単語と混じり合って聴こえてくる。

練習1　❶〜❹のフレーズを CD で聴いてみよう！　CD 2-26

❶ **lot of**　　　➡ ラダ［ラ］
……lot の t の音は、後ろに母音がくるので「ダ［ラ］」に似た音に変化する。その後ろに、of［ァ］という音が連なり、「ラダ［ラ］」と聴こえる。

❷ **middle of**　➡ ミドゥラ
……middle ＋「ァ」で、「ミドゥラ」と聴こえる発音になる。

❸ **name of**　　➡ ネイマ
……name［ネイム］＋「ァ」で、「ネイマ」と聴こえる。

❹ **one of**　　 ➡ ワナ
……one［ワン］＋「ァ」で、「ワナ」と聴こえる発音になる。

練習2　聴き取り大特訓！
音変化に注意しながら、次のセンテンスを聴き取ろう！

❶ lot of

ラダ〔ラ〕

- I got a **lot of** things on my mind right now!
  いま考えなくちゃいけないことが、たくさんあるんだ。
- I got paid a **lot of** money for that job!
  その仕事、お金がかなりよかったんだ！
- A **lot of** people thought it was a joke, but I think he was serious.
  多くの人が冗談だと思っていたけど、彼はまじめだったと思うよ。
- A **lot of** IT workers live in that area.
  あのあたりは、IT関係の人がたくさん住んでいる。
- When we were roommates, she always had a **lot of** guys calling her.
  私たちがルームメートだった頃、彼女にはたくさんの男性から電話がかかってきていたわ。
- He usually takes a **lot of** work home with him.
  彼は、ふだん仕事をたくさんうちに持ち帰っている。

❷ middle of

ミドゥラ

- I'm in the **middle of** something. Can I call you back?
  いま取り込み中なんだ。かけ直してもいいかな？
- We found this great coffee shop in the **middle of** nowhere!
  なにもないところに、いきなりすごくいいカフェを見つけたんだ。
- It's a great location, right in the **middle of** Kobe.
  場所はすごくいいんだ。神戸のど真ん中なんだ。
- He interrupted me right in the **middle of** my speech.
  あいつ、僕のスピーチの真っ最中に口を挟んできたんだ。
- It's too hot to do anything in the **middle of** the day!
  昼真になにかするには暑すぎるよ！
- It was right in the **middle of** winter, and it was freezing!
  真冬の時期で、ものすごく寒かったよ！

❸ name of 　　　　　　　　　　　　　　　ネイマ

- What's the **name of** the restaurant we always went to?
  僕たちがいつも行っていたレストランの名前、なんだっけ？

- I gave my daughter the **name of** my favorite aunt.
  いちばん好きな伯母の名前を、娘につけてあげたの。

- I can't remember the **name of** the website where I saw his profile.
  彼のプロフィールを見たウェブサイトの名前が思い出せない。

- Please tell me the **name of** the place again.
  その場所の名前を、もう一度教えてください。

- That's the **name of** the country's biggest river.
  それ、あの国のいちばん大きな川の名前ですよ。

- It's the **name of** the neighborhood where I grew up.
  それは私が育った地域の名前です。

❹ one of 　　　　　　　　　　　　　　　ワナ

- He's **one of** my favorite authors.
  彼は私の大好きな作家のひとりです。

- You're **one of** the people I can always count on!
  君は、いつだって頼りになる人だよ！

- I don't want to see another **one of** those stupid horror movies!
  あんなバカなホラー映画を観るのは二度とごめんだ！

- That's **one of** the main reasons I chose this company.
  それが、この会社を選んだ大きな理由のひとつです。

- **One of** my best friends went to the same school as you.
  私の親友のひとりが、あなたと同じ学校に通っていました。

- She's **one of** the nicest people I have ever met.
  彼女はいままで出会った中で、いちばんいい人のひとりだよ。

Skit で聴いてみよう！

● 行列のできるレストラン

A: Hey, what's the **name of** that Indian restaurant we went to last week?
B: You mean the one in the **middle of** the shopping street? I think it's called Taj Mahal.
A: That's it! I think it's **one of** the best Indian places in Tokyo!
B: It's really popular. There are always a **lot of** people waiting outside during lunch hour.

A: ねえ、先週行ったインド料理のレストランの名前なんだっけ？
B: ショッピング街の真ん中にあるやつのこと？ 確か「タージマハール」だったと思うわ。
A: そう、それだ！ 東京にあるインド料理店の中では、最高の店のひとつだと思うよ。
B: とても人気があるところよね。ランチの時間には、外でたくさんの人が待っているのよ。

26 of のルール ③

このユニットで、of のルールは最後です。だいぶ、of の音に慣れてきたでしょうか。of の音は非常に短く変化するので、思いもよらぬ発音になりがちです。しっかり、耳と脳に、of に関する音声変化を叩き込んでいってください。

[1] of［アヴ］の発音では、多くの場合、「ヴ」の音が消えてしまうので、「ア」という小さな音しか残らない。
[2] 小さくなった「ア」という音は、前の単語と混じり合って聴こえてくる。

練習 1　❶～❹のフレーズを CD で聴いてみよう！　CD 2-29

❶ **out of** ➡ アウダ［ラ］
……of は v の音が脱落し、「ア」しか聴こえない。out の t が of［ア］と連なって、「ダ［ラ］」行のような音に変化する。

❷ **some of** ➡ サマ
……① と同様、of は「ア」のみ発音。some［サム］+ of［ア］で「サマ」と聴こえる。

❸ **sort of** ➡ ソーダ［ラ］
……① とまったく同じ変化が起こり、sort の t 音が、of［ア］に連なることで、「ダ［ラ］」行音に変化。

❹ **time of** ➡ タイマ
……② と同じ変化。time［タイム］+ of［ア］で、「タイマ」という発音になる。

練習 2　聴き取り大特訓！
音変化に注意しながら、次のセンテンスを聴き取ろう！

CD 2-30

❶ out of

アウダ [ラ]

- You must be **out of** your mind!
  君、どうかしているんじゃないか？

- Sorry, I'm **out of** time. I'll call you later.
  ごめん、もう時間がないんだ。あとでまたかけるよ。

- I'm afraid that's **out of** the question.
  残念ながら、それは問題外です。

- I've been **out of** town for the last week.
  ここ1週間、留守にしていました。

- Can you go to the store? We're **out of** milk and coffee.
  お店に行ってきてくれる？ 牛乳とコーヒーを切らしているの。

- I'm **out of** good ideas.
  いいアイデアが切れてしまったよ。

❷ some of

サマ

- **Some of** the people I work with have MBAs.
  同僚の中には、MBA をもっている人もいるよ。

- **Some of** the stuff you see on YouTube is really funny!
  YouTube で観るビデオには、すごく笑えるものもあるよ！

- I still keep in touch with **some of** my old girlfriends.
  昔のガールフレンドの何人かとは、まだ連絡を取っているよ。

- **Some of** the food was way too spicy for me!
  いくつかの食べ物は、私には辛すぎたわ。

- **Some of** the best beaches I've been to are in the Philippines.
  いままで行った中で最高のビーチはフィリピンにある。

- **Some of** the time I was bored, but mostly it was interesting.
  退屈なときもあったけど、だいたいは興味深かったよ。

❸ sort of
ソーダ [ラ]

- It's **sort of** hard to find without a map.
  地図なしで見つけるのは、少し難しいよ。
- It's **sort of** boring at first, but then it gets really interesting.
  はじめは少しつまらないけど、しばらくすると、すごくおもしろくなるよ。
- My boss is **sort of** picky, but basically he's nice.
  私の上司は少々口うるさいけど、基本的にはいい人だよ。
- He **sort of** sounds like Bob Dylan.
  彼の歌、少しボブディランに似ているね。
- It's **sort of** scary moving to a big city from the countryside.
  田舎から大都市に引っ越すのは少し恐ろしい。
- You look **sort of** upset. Is everything okay?
  なんだか動揺しているみたいだね。なにかあったの？

❹ time of
タイマ

- What's the best **time of** the year to visit Kyoto?
  一年の中で、京都に行くのにいちばんいい時期はいつ？
- That was the hardest **time of** my life!
  あの頃は、人生でいちばん辛い時期だったよ！
- What **time of** day works best for you?
  何時が、いちばん都合がいいですか？
- After a long **time of** planning, I think we're ready.
  長い間、計画を立ててきましたが、やっと準備ができたと思っています。
- It can't be Wednesday. That's the **time of** the week I'm most busy.
  水曜日は無理です。1週間で、その日がいちばん忙しいんです。
- I'm at the **time of** my career when I'm thinking about retiring.
  私のキャリアの中で、引退を考える時期に差しかかっています。

Skit で聴いてみよう！

● スケジュールを調整する

A: Can we meet next week to go over **some of** the details?
B: Actually, I'm **sort of** busy next week. How about the following week?
A: I'm afraid I'll be **out of** town on business.
B: Hmmm ... I suppose I could meet you next Friday. What **time of** day works for you?
A: The morning would be good, but I can meet you any time.
B: Okay. Come by my office around eleven, and I'll make some time.

A: 詳細（のいくつかの部分）について、来週、会って話しませんか？
B: 実は、来週はちょっと忙しいんです。その次の週はいかがですか？
A: 残念ながら、出張で留守にするんですよ。
B: そうですか…来週の金曜日なら会えるかと思います。何時なら、ご都合がいいですか？
A: 朝がいいですけど、何時でも大丈夫ですよ。
B: そうですか。では11時頃にうちのオフィスにいらしてください、時間を作りますから。

27 … to のルール ①

to は、会話の中では基本的に短く弱く「トゥ」あるいは「タ」と発音されます。まず、to の発音は「トゥー」だと思い込むことをやめるところからスタートしましょう。

[1] to は会話では、短く「トゥ」あるいは「タ」と発音されるのがふつう。
[2] to の t 音までなくなってしまい、「ゥ」あるいは「ァ」としか聴こえないときも多い。
[3] going to のように、特殊な変化を伴う場合もある。

練習1　❶〜❺のフレーズを CD で聴いてみよう！　CD 2-32

❶ **have to** ➡ ハフタ
……to は「タ」という発音。have［ハフ］＋「タ」で、「ハフタ」と聴こえる。

❷ **has to** ➡ ハスタ
……① と同じく、to は「タ」と発音。has［ハス］＋「タ」で、「ハスタ」という発音になる。

❸ **supposed to** ➡ スポウスタ
……supposed［スポウスト］＋「ァ」で「スポウスタ」と聴こえる。

❹ **got to** ➡ ガダ［ラ］
……to は「ァ」という発音になるが、さらに got の t の音が、「ダ［ラ］」に近い音に変わることが多い。

❺ **going to** ➡ ゴナ
……going の g が脱落して、「ゴウイン」という音に変わる。そこに、to［ァ］が連なることで、「ゴウイナ」という発音が生ずる。さらに、この「ゴウイナ」が縮まって「ゴナ」と聴こえることが多い。

練習2 聴き取り大特訓！
音変化に注意しながら、次のセンテンスを聴き取ろう！

CD 2-33

❶ have to   ハフタ

- I **have to** help my sister with her homework.
  妹の宿題を手伝ってあげないといけないの。
- You **have to** let the copy machine warm up before you can use it.
  使う前にコピー機を暖めてからじゃないとだめだよ。
- We **have to** pick up our tickets at the airport.
  空港でチケットをもらってこないといけないんだ。
- It's crowded on weekends, so you **have to** make reservations.
  週末は混みあっているから、予約を取らないといけないんだ。
- I **have to** get some sleep this Sunday!
  この日曜日はちゃんと寝ないと！
- You **have to** let me know in advance.
  前もって知らせてくれないとだめよ。

❷ has to   ハスタ

- He **has to** improve his attitude!
  彼は態度を改めるべきだな！
- She **has to** go to the doctor next week.
  来週、彼女は医者に行かなければならないんだ。
- This city **has to** improve its air quality.
  この街は空気の質を改善しないとだめだね。
- Everybody **has to** send an email to the boss about the schedule.
  全員がスケジュールについて上司にメールしなくちゃいけないんだ。
- He **has to** move to New York because of his job.
  彼は仕事のためにニューヨークに引っ越さなくちゃならないんだ。
- She **has to** make two speeches next week.
  彼女、来週ふたつもスピーチをしなくちゃいけないのよ。

❸ supposed to 【スポウスタ】

- Weren't you **supposed to** take the garbage out?
  あなた、ゴミを出さなくちゃいけなかったんじゃなかった？
- He was **supposed to** pay for everyone's dinner, but he forgot his card.
  彼がみんなの食事代を払うことになっていたんだけど、クレジットカードを忘れてしまったんだ。
- I thought it wasn't **supposed to** rain today!
  今日は雨が降らないはずだったのに！
- You're **supposed to** use a card to pay.
  支払いにはカードを使うことになっている。
- He's **supposed to** be meeting you at the West Exit.
  彼は、君と西出口で会うことになっている。

❹ got to 【ガダ［ラ］】

- I **got to** work a lot of overtime this week.
  今週はたくさん残業しなくちゃならないんだ。
- You **got to** study really hard if you want to pass the entrance exam.
  入試に受かりたいんだったら、懸命に勉強しなくちゃいけないよ。
- I **got to** pay my rent early this month because of the holiday.
  今月は祭日があるから、家賃を早く払わなくちゃいけないんだ。
- We **got to** start saving more money each month.
  私たち、毎月もう少しお金を貯蓄し始めなきゃだめね。
- He's **got to** act more professional.
  彼はもう少し社会人らしく振る舞わないとね。
- She's **got to** spend more time with her kids.
  彼女はもっと子供たちと時間を過ごすべきだよ。

❺ going to 【ゴナ】

- I'm **going to** call you when I get home.
  家に帰ったら君に電話するよ。
- She's **going to** start studying violin.
  彼女は、バイオリンを始めるんだ。

- We're **going to** go to Bali next week.
  私たちは、来週バリに行くの。
- That's not **going to** be enough time to finish.
  終えるには、それでは時間が少なすぎるよ。
- I don't think I'm **going to** go to the party.
  私、パーティーには行かないと思うわ。
- I'm not even **going to** reply to that.
  それには返事をする気もないわ。

Skit で聴いてみよう!

● 今年いちばんのゲーム

A: Are you **going to** watch the game on TV?
B: I don't think so. I've **got to** study for my law school exam.
A: At least you **have to** watch the last part! This is the biggest game of the year.
B: Yeah, I guess I can catch a little bit. But studying **has to** come first.

A: 今晩、テレビで試合を観るの?
B: いや、見ないと思うな。法科大学院の試験勉強があるから。
A: 少なくとも、最後のほうは観なきゃだめよ。今年いちばんのゲームなんだから。
B: そうだね、ちょっとは観られるかも。でも、勉強が第一なんだ。

28 ... to のルール ②

to を伴うフレーズは、さらにたくさんありますが、いずれも日常会話にはなくてはならないものばかりです。もう少し、to の音声変化をチェックしておきます。

[1] to は会話では、短く「トゥ」あるいは「タ」と発音されるのがふつう。
[2] to の t 音までなくなってしまい、「ゥ」あるいは「ァ」としか聴こえないときも多い。
[3] to の t 音が「ダ〔ラ〕」行の音に近くなることもある。

練習 1　❶〜❺のフレーズを CD で聴いてみよう！　CD 2-35

❶ **need to**　　　➡ ニーダ〔ラ〕
　……need の d の音は、「ダ〔ラ〕」行に近い発音に変化。これに to〔ァ〕が連なり、「ニーダ〔ラ〕」と聴こえる。

❷ **try to**　　　　➡ トゥライダ〔ラ〕
　……to の t 音が、「ダ〔ラ〕」という音に変化する。

❸ **trying to**　　➡ トゥライナ
　……trying の末尾の g の音が脱落し、後ろに to〔ァ〕の音が連なるので、「トゥライナ」と聴こえる発音になる。to がまったく発音されず、「トゥライン」と読まれるときも、時折ある。

❹ **used to**　　　➡ ユースタ
　……used〔ユーストゥ〕の後ろに to〔ァ〕の音が連なるので、「ユースタ」と聴こえる。

❺ **want to**　　　➡ ウォナ
　……want の t が脱落し「ウォン」という音になり、そのあとに to〔ァ〕が連なるので、「ウォナ」と聴こえる。

練習2 聴き取り大特訓！
音変化に注意しながら、次のセンテンスを聴き取ろう！

CD 2-36

❶ need to

ニーダ［ラ］

- I **need to** bring my passport to the interview.
  面接には、パスポートを持っていかなければならない。
- You **need to** be at the airport two hours before your flight.
  離陸の2時間前には、空港にいなくちゃいけない。
- Don't you **need to** keep your reciepts?
  レシートを取っておかなくてもいいの？
- You **need to** call me as soon as you get home, okay?
  帰ったらすぐに電話しなくちゃだめだぞ。わかった？
- You **need to** show more respect to your father!
  あなた、もう少しお父さんに敬意を示さないとだめよ！
- We **need to** turn on some more lights in here.
  この部屋、もっと電気をつけないとだめだよ。

❷ try to

トゥライダ［ラ］

- Why don't you **try to** call her again?
  彼女に、もう一度、電話してみたら？
- Did you **try to** open that file on your computer?
  あなたのパソコンにあるあのファイル、開いてみた？
- I don't think you should **try to** drive such a long distance.
  そんなに長い距離を運転しようとしないほうがいいと思うよ。
- We should **try to** meet more often.
  僕たち、もっと頻繁に会うべきだよ。
- He didn't even **try to** act happy to see me!
  彼、私に会えてうれしそうなふりをしようともしなかったわ！
- Maybe you should **try to** publish your story.
  君の話、出版する努力をしてみたらどう？

❸ trying to

トゥライナ

- Please be quiet! I'm **trying to** study!
  静かにしてくれよ！ 勉強しようとしてるんだ！

Chapter 1　フレーズの発音変化　135

- He's been **trying to** get her to go out with him for months!
  彼ったら、もう何カ月も、彼女にデートしてもうらおうとがんばってるのよ。

- That's so cute! The baby's **trying to** stand up.
  かわいい！ 赤ちゃんが立ち上がろうとしているわ。

- Are you **trying to** make me feel bad?
  私の気分を損ねようとしているの？

- I'm **trying to** spend more time on my blog, but I'm so busy!
  もっとブログに時間を費やそうとしているんだけど、なにしろ忙しくて！

- I'm **trying to** exercise more recently.
  最近はもっと運動しようとしているんだ。

❹ used to   ユースタ

- I **used to** come here almost every weekend.
  昔はここに、ほぼ毎週末、来ていたよ。

- They **used to** serve the best margaritas at this place!
  以前、ここで最高のマルガリータを出していたんだよ。

- When I was young, I **used to** play in a punk band.
  若い頃はパンクバンドで演奏していたんだ。

- She **used to** wear her hair really short.
  彼女、以前は髪の毛をすごく短くしていたんだ。

- He **used to** speak with a strong Southern accent.
  彼はかつては、きつい南部なまりがあったんだよ。

- I didn't **used to** forget things like I do now.
  昔は、いまみたいに忘れっぽくなかったんだけどなあ。

❺ want to   ウォナ

- I **want to** spend more time at the gym.
  もっとジムに行く時間を増やしたい。

- She doesn't **want to** do this job all by herself.
  この仕事、彼女ひとりではやりたくないそうだ。

- Do you **want to** see a movie tonight?
  今晩、映画を観ない？

- What time do you **want to** wake up tomorrow?
  明日の朝、何時に起きたい？

- I don't **want to** drink too much, since I have to work the next day.
  翌日、働かなくちゃならないから、あまり飲まないようにしたいんだ。
- I can't decide if I **want to** go or not.
  行きたいかどうか、決めかねているの。

Skit で聴いてみよう！

● 子育てと海外勤務

A: I **used to** speak English a lot better! I never use it at work anymore.
B: Maybe you should **try to** get an overseas assignment.
A: That's what I **want to** do, but my wife wants to stay here while our kids are in school.
B: It could be a really good experience for kids to live overseas.
A: I've been **trying to** convince her of that, but she's stubborn!

A: 前はもっと英語がうまく話せたんだ！ 最近はまったく仕事で使わなくなっちゃったからな。
B: 海外勤務を希望したらどう？
A: 僕はそうしたいんだけど、子供が学校に行っている間はここにいたいって、妻は言うんだよね。
B: 子供にとっても海外に住むのはとてもいい経験かもしれないわよ。
A: そう彼女を説得しようとしているんだけど、彼女、頑固なんだよ。

29 ··· **and** のルール

and は、日常会話の中では、早口に話されます。すばやく短く、かつ弱く発音されるため、「エァンド」といった発音ではなく、「ァンドゥ」あるいは「ァン」のような、聴き取りにくい音声に変化してしまいます。

[1] and は短く、弱く発音されることが多い。
[2] a は弱くなり脱落することもある。
[3] 末尾の d の音も脱落することがある。
[4] 直前にくる単語と、弱くなった a の音が混じり合い 1 語のように聴こえる。

練習1　❶～❻のフレーズを CD で聴いてみよう！ （CD 2-38）

❶ **come and see** ➡ カムンシー
　……and の、a 音、d 音が脱落し、n [ン] の音だけが残る。「カム」＋「ン」＋「シー」で、「カムンシー」と聴こえる。

❷ **come and get** ➡ カムンゲッ（ト）
　……① と同じく、and は n の音だけとなり、前後の単語とつながって聴こえる。get の t 音も脱落する場合がある。

❸ **go and get** ➡ ゴウァンゲッ（ト）
　……and の d 音が脱落する。get の t も脱落する場合がある。

❹ **go and buy** ➡ ゴウァンバイ
　……and には、③ と同様の現象が起こり、「ァン」と発音。

❺ **go and see** ➡ ゴウァンシー
　……and には、③、④ と同様の現象が起こり、「ァン」と発音。

❻ **wait and see** ➡ ウェイダ [ラ] ンシー
　……wait の t 音が「ダ [ラ]」行に近い音に変化し、and [ァン] と連なって、「ウェイダ [ラ] ン」と聴こえる。

練習2 聴き取り大特訓！
音変化に注意しながら、次のセンテンスを聴き取ろう！

CD 2-39

❶ come and see

カムンシー

- **Come and see** this video!
  こっちにきてこのビデオを見てよ！
- You should **come and see** my new apartment!
  僕の新しいアパートを見にきなよ！
- Why don't you **come and see** how we've changed our offices?
  うちのオフィスをどう変えたか見にきたら？
- **Come and see** the line that is forming in front of the restaurant!
  レストランの前にできてる行列を見にきてよ！
- Will you **come and see** me when I'm in the hospital?
  入院したら、会いにきてくれる？

❷ come and get

カムンゲッ（ト）

- Please **come and get** some food.
  こっちに食べ物を取りにきて。
- **Come and get** some coffee and sit down.
  こっちでコーヒーをもらって座ってください。
- Can you **come and get** some tea for everyone?
  みんなの分のお茶を取りにきてくれる？
- Would you **come and get** this file?
  このファイルを取りにきてくれますか？
- I'll **come and** get it later, okay?
  あとで取りにいくけど、いいかい？

❸ go and get

ゴウァンゲッ（ト）

- Would you **go and get** someone to fix this?
  だれかこれを直してくれる人を探しにいってくれる？
- Can you **go and get** some drinks at the convenience store?

Chapter 1 フレーズの発音変化

コンビニに行って、飲み物を買ってきてくれる？
- Let's **go and get** something to eat.
  なにか食べ物を買いにいきましょう。
- We should **go and get** some more food for the party.
  パーティー用の食べ物をもっと買ってきたほうがいいわ。
- Why don't you **go and get** a few more chairs?
  もうちょっとイスを持ってきたらどうだろう？

❹ go and buy　　ゴウァンバイ

- I need to **go and buy** some copy paper.
  コピー用紙を買いにいかないといけない。
- I need to **go and buy** a newspaper.
  新聞を買いにいってこなくちゃ。
- We need to **go and buy** a new printer.
  僕たち、新しいプリンターを買いにかないとね。
- I'll **go and buy** some pet food.
  ペットフードを買ってくるよ。
- Would you **go and buy** some magazines for the trip?
  旅行のために雑誌を何冊か買ってきてくれる？

❺ go and see　　ゴウァンシー

- You should **go and see** the fireworks event!
  花火大会を見にいくべきだよ！
- Would you **go and see** what he wants?
  彼がなにを欲しがってるのか、行ってみてきてよ。
- Are you planning to **go and see** his exhibition?
  彼の展覧会を観に行く予定ですか？
- Let's **go and see** what that noise is about.
  あの騒音がなんだか、見にいこうよ。
- I think you should **go and see** him in the hospital.
  病院に彼のお見舞いにいったほうがいいと思うよ。

❻ wait and see　　ウェイダ [ラ] ンシー

- Let's **wait and see** what happens.
  どうなるか様子を見てみましょう。

- He'll call you. Just **wait and see**!
  きっと彼は電話してくるよ。もう少し待ってみて。
- I think we should **wait and see** about the weather.
  天気のこと、もう少し待って様子を見てみよう。
- **Wait and see** if we can sell enough tickets to hold the show.
  ショーを催せるほどチケットが売れるかどうか、様子を見てみよう。
- I'll **wait and see** how many people show up.
  何人来るのか、待って様子を見るよ。

Skit で聴いてみよう！

● 逃げ出したライオン

A: There's so much noise from outside. Would you **go and see** what it is?

B: Sure. Hey, you have to **come and see** this! There's a lion down there!

A: It must have escaped from the zoo. I'll **go and get** my camera.

B: You're too late! It got into a truck, and the truck is driving off.

A: That's odd! It must have just been some kind of publicity stunt.

B: I guess we'll have to **wait and see** what it was about on the evening news.

A: 外からすごい音が聞こえてくるんだけど、なんなのか見にいってくれる？
B: いいよ。ちょっと！ 見にきたほうがいいよ！ 下にライオンがいるよ！
A: 動物園から逃げてきたに違いないわ。カメラを取ってくる。
B: もう遅すぎるよ！ トラックに乗っちゃったし、トラックも行っちゃったよ。
A: 変よね！ きっとなにかの広告目的だったに違いないわ。
B: 夕方まで待って、なんだったのか、ニュースで見るしかないね。

30 but のルール

接続詞 but も小さな単語で、会話の中では、短く弱く発音されることが多いもの。日本人には聴き取りにくい機能語のひとつです。特に、but の t の音が脱落したり、後ろの母音と混じり合うときなど、とても注意が必要な変化が起こります。

[1] but の t は頻繁に脱落し、「バ」としか聴こえないことがある。
[2] but の t が、「ダ［ラ］」行の音に近い音に変化することがある。
[3] but の t が後ろの語と混じり合い「チュ」という音に変わる場合がある。

練習1 ❶〜❿ のフレーズを CD で聴いてみよう！ (CD 2-41)

❶ **but I** ➡ バダ［ラ］イ
……but の t の音が後ろにくる I と混じり、「ダ［ラ］」という音に聴こえる。

❷ **but you** ➡ バチュー
……but の t が you の y の音と混じり合い、「チュ」という音に変化。全体では「バチュー」と聴こえる。

❸ **but he** ➡ バディ［リ］ー
……① と同じ変化が起こる。but の t が、「ダ［ラ］」行に近い音になる。but + he［ィー］で、「バディ［リ］ー」と聴こえる。

❹ **but she** ➡ バシー
……but の t 音が消失して、「バ」の音だけが残る。

❺ **but we** ➡ バウィ
……④ と同じ変化が起こり、t 音が消失する。

❻ **but they** ➡ バゼイ
……これも ④ と同じ現象によって「バ」＋「ゼイ」で「バゼイ」という発音になる。

❼ **but it** ➡ バディ［リ］
……but には、③ と同じ現象が起こり、後ろにくる it と連なるため、「バディ［リ］」と発音される。

⑧ **but that** ➡ バザッ（ト）
……but の t が脱落する。that の末尾の t 音も脱落する場合がある。

⑨ **but this** ➡ バディ［リ］ズ
……but の t が脱落し、「バディス」という発音になる。「バディス」の「ディ」は、th 音ではなく、「ダ［ラ］」行音の近くなることもある。

⑩ **but the** ➡ バザ
……but の t が脱落してしまう。

練習2　聴き取り大特訓！
音変化に注意しながら、次のセンテンスを聴き取ろう！
CD 2-42

❶ **but I**　　　　　　　　　　　　　　バダ［ラ］イ

- I would have come, **but I** was too busy.
  行けたら行ったけど、忙しかったんだ。
- I haven't seen the movie, **but I** plan to.
  その映画は観てないけど、観る予定だよ。
- Some people say it's too spicy, **but I** love it!
  辛すぎるって言う人もいるけど、私は大好き！
- I'm not sure, **but I** think he wanted to talk to you.
  確かではないけれど、彼は君と話をしたがっていたよ。
- I can come, **but I** can only stay a few minutes.
  行けるけども、ちょっとしかいられませんよ。

❷ **but you**　　　　　　　　　　　　バチュー

- I called you, **but you** weren't home.
  君に電話したけど、留守だったよ。
- You can still go, **but you** have to decide now.
  まだ行けるけど、いま決めないとだめだよ。
- It's okay, **but you** should have checked with me first.
  まあいいよ。でも、君は前もって僕に確認を取るべきだったよ。
- You look great, **but you** should comb your hair.
  すてきだけど、髪の毛はとかしたほうがいいわよ。

Chapter 1　フレーズの発音変化

- He seems like a good guy, **but you** never know!
  彼は人がよさそうに見えるけど、わからないよ！

❸ but he　　　バディ [リ] ー

- He didn't speak long, **but he** made a good impression.
  彼は長く話さなかったけど、好印象だったよ。
- He lost, **but he** played really hard.
  彼は負けたけど、がんばってよくプレーしたよ。
- I waved to him, **but he** didn't see me.
  彼に手を振ったけど、私に気づかなかったわ。
- He wasn't a good singer, **but he** was a great guitarist.
  彼は上手な歌手ではなかったが、すばらしいギター奏者だった。
- I didn't want to tell him, **but he** kept pressuring me.
  彼に言いたくはなかったんだけど、彼がしつこく言うものだから。

❹ but she　　　バシー

- We dated for a while, **but she** moved to another town.
  俺たちしばらくつき合ったけど、彼女が別の町に引っ越してしまったんだ。
- She wanted a promotion, **but she** didn't get it.
  彼女、昇進したかったけど、だめだったんだ。
- She was in an accident, **but she** wasn't hurt.
  彼女、事故に遭ったけど、ケガはなかったんだ。
- She was planning on going, **but she** had to cancel.
  彼女は行く予定にしていたが、キャンセルしなければならなくなった。
- She tried, **but she** couldn't make reservations.
  試してみたけど、彼女には予約は取れなかった。

❺ but we　　　バウィ

- It's still early, **but we** should leave pretty soon.
  まだ早いけど、そろそろ出たほうがいいな。
- We can do a great job, **but we** need a little more time.
  いい仕事をすることができるが、もう少し時間が必要だ。

- We're good friends, **but we** haven't seen each other in a while.
  私たち仲のよい友達だけど、しばらく会っていないの。
- We can get there for the beginning, **but we** have to hurry.
  最初のほうに間に合うよ。ただし、急げばだけどね。
- We tried to convince him, **but we** failed.
  彼を説得しようとしたけど、うまくいかなかった。

❻ but they バゼィ

- They said they would call, **but they** didn't.
  彼らは電話すると言っていたけど、してこなかったわ。
- They apologized, **but they** didn't give me a discount.
  彼らは謝ったけど、割り引きはしてくれなかったよ。
- They almost won, **but they** blew it in the last minute.
  彼らはもう少しで勝つところだったが、最後の最後で失敗した。
- They played hard, **but they** still lost.
  彼らは懸命にプレーしたが、それでも負けてしまった。
- They knew something was wrong, **but they** didn't say anything.
  なにかおかしいとはわかってはいたが、彼らはなにも言わなかった。

❼ but it バディ［リ］

- It's a little pricey, **but it**'s worth it!
  ちょっと高いけど、その価値はあるよ！
- It was supposed to rain, **but it** was sunny all day.
  雨が降るはずだったけど、一日中晴れだった。
- The movie wasn't as good as I expected, **but it** was pretty funny.
  その映画は思ったほどよくなかったけど、けっこう笑えたよ。
- It's very nice, **but it**'s not my taste.
  すごくいいけれど、私の好みではありません。
- My room is small, **but it**'s close to the station.
  私の部屋は小さいけど、駅には近いんです。

❽ but that   バザッ（ト）

- I've got about five thousand yen, **but that** won't be enough.
  5,000円くらい持っているけど、それじゃ足りないね。

- The client is basically happy, **but that** could change.
  クライアントは基本的に満足しているけど、気が変わってもおかしくない。

- He's shy, **but that** doesn't mean he doesn't love you.
  彼は内気だけど、君を愛していないわけじゃないんだ。

- I didn't like the movie, **but that** was a great scene.
  その映画は好きじゃないけど、あれはすばらしいシーンよね。

- I usually don't lose my temper, **but that** really made me angry!
  いつもは怒らないのだけど、あれはホントに頭にきたわ！

❾ but this   バディ［リ］ズ

- I've been to a lot of Indian restaurants in Tokyo, **but this** is the best.
  東京でいろんなインド料理店に行っているけど、ここがいちばんだ。

- I usually agree with you, **but this** time I think you are wrong.
  ふだん僕は君と意見が一致するけど、今回は君が間違っていると思うよ。

- I wanted to buy more, **but this** was all they had.
  もっと買いたかったけど、これだけしか置いていなかったんだ。

- I have been to New York on business, **but this** is my first time on vacation.
  仕事でニューヨークに行ったことはあるけど、休暇ではこれが最初だ。

- This one has your signature on it, **but this** one doesn't.
  こっちには君の署名があるけど、こっちのにはないね。

❿ but the   バザ

- I tried to call, **but the** line was busy.
  電話したんだけど、話し中だったんだ。

- The dinner was good, **but the** dessert was way too sweet.
  ディナーはおいしかったけど、デザートは甘すぎた。

- I was worried, **but the** client seemed happy with our proposal.
  心配していたけど、クライアントはうちの提案に満足しているようだった。
- It was a good chance, **but the** timing wasn't good.
  チャンスではあったけど、タイミングがよくなかったね。
- I would have been on time, **but the** train was late.
  僕は間に合うはずだったが、電車が遅れたんだ。

Skit で聴いてみよう！

● 長電話の理由

CD 2-43

A: I tried to call you last night, **but the** line was busy for hours!
B: Sorry! I wanted to call you too, **but I** was talking to my mom.
A: That was a long conversation!
B: I know! I told her I was busy, **but she** just kept jabbering!
A: My mom's like that too, **but we** never talk for more than an hour.
B: We usually don't either, **but this** time she had a million things to talk about!

A: 昨日の夜、電話したんだけど、何時間も話し中だったよ！
B: ごめんね！ 私もあなたに電話したかったんだけど、母親と話していたの。
A: ずいぶん長く話していたんだね！
B: そうよね！ 忙しいって言ったんだけど、話が止まらないんだもの。
A: うちの母さんもそうなんだ。でも、1時間以上は絶対に話さないよ。
B: うちも、ふだんはそうなんだけど、今回は彼女、山のように話すことがあったのよ。

31 bring のルール

さて、ここからは、日常会話に頻出する代表的かつ基本的な一般動詞＋目的語のパターンでの音声変化を取り上げていきます。目的語の例として、基本的には、使用頻度の最も多い代名詞を取り上げてあります。まずは、bring ＋代名詞の音声変化をチェックしましょう。

[1] bring の g の音は頻繁に脱落する。
[2] bring の g 音が後ろにくる母音と連なって 1 語のように聴こえる場合も多い。
[3] bring them［ブリンゲム］のようにあとにくる代名詞の頭の音が脱落する場合もある。

練習1　❶〜❼のフレーズを CD で聴いてみよう！ CD 2-44

❶ **bring me**　➡ ブリンミ
……bring の g 音が脱落し、「ブリン」という発音になる。me は弱く短く発音されるので、「ブリンミ」と聴こえる。

❷ **bring you**　➡ ブリニュー
……bring の g が脱落、「ブリン」となるが、この末尾の n の音が次にくる you と混じり合い、「ニュー」のように聴こえる。

❸ **bring him**　➡ ブリンギム
……bring の発音はそのままだが、him の h 音が脱落して「ィム」となる。「ブリング」＋「ィム」で、「ブリンギム」と聴こえる。

❹ **bring her**　➡ ブリンガー
……③ と同様に、bring はそのままだが、her の h サウンドが脱落する。

❺ **bring them**　➡ ブリンゲム
……これも bring はそのままだが、後ろの them は th の音が抜け落ち、「エム」という発音になる。「ブリング」＋「エム」＝「ブリンゲム」。

❻ **bring us** ➡ ブリンガス

……bring の g 音と、us［アス］が混じり合うため、全体では「ブリンガス」と 1 語のように聴こえる。

❼ **bring it** ➡ ブリンギッ（ト）

……bring の g 音と、it［イット］が混じり合うため、全体では「ブリンギット」と 1 語のように聴こえる。そのとき、さらに、末尾の t 音が脱落し、「ブリンギッ」と聴こえることもある。

練習 2　聴き取り大特訓！
音変化に注意しながら、次のセンテンスを聴き取ろう！
CD 2-45

❶ bring me　　　　　　　　　　　　ブリンミ

- Could you **bring me** some coffee?
  コーヒーを持ってきてくれないか？

- **Bring me** the newspaper, please.
  新聞を持ってきてください。

- Would you **bring me** another beer?
  ビールをもう 1 本持ってきてくれる？

- Can you **bring me** the article you were talking about?
  君が話していた記事を持ってきてくれる？

- What did you **bring me** from your trip?
  旅行のお土産になにを持ってきてくれたの？

❷ bring you　　　　　　　　　　　　ブリニュー

- Can I **bring you** anything from the store?
  お店でなにか買ってきましょうか？

- Shall I **bring you** to the station?
  駅まで送りましょうか？

- I'd like to **bring you** along to the exhibition.
  展示会に君を連れていきたいんだ。

- I'll **bring you** back a souvenir.
  お土産を持ってきてあげるね。

- Should I **bring you** this magazine when I'm finished with it?
  読み終えたら、この雑誌を持ってきましょうか？

❸ bring him　　　　　　　　　　　　ブリンギム

- Did you **bring him** any souvenirs?
  彼になにかお土産を持ってきてあげた？
- I always **bring him** with me to work.
  私は、いつも彼を仕事に連れていくの。
- You'd better **bring him** these files.
  このファイルを彼のところに持っていったほうがいいぞ。
- Don't **bring him** all those things at once.
  彼のところに、こんなにたくさんのものを一度に持っていくなよ。
- The boss says you should **bring him** everything you've done so far.
  ボスがあなたに、これまでに終わったもの全部を持ってきなさいって。

❹ bring her　　　　　　　　　　　　ブリンガー

- Please don't **bring her** until I clean up.
  ここをきれいにするまで、彼女を連れてこないでください。
- I don't think I'm allowed to **bring her** with me.
  彼女を連れてくることは許されていないと思うんだ。
- I'd like to **bring her** with me to the presentation.
  プレゼンテーションに彼女を連れていきたいんだ。
- You should **bring her** some flowers.
  彼女に花束を持っていったらいいわよ。
- Are you planning to **bring her** with you?
  いっしょに彼女を連れてくるつもりかい？

❺ bring them　　　　　　　　　　　ブリンゲム

- Please **bring them** to the office before five.
  5時までに、彼らをオフィスに連れてきてください。
- Don't **bring them** with you. Just leave them here.
  それらは持ってこなくていいよ。ここに置いておいて。

- I will **bring them** back to you when I am finished with them.
  使い終わったら、あなたのところにまた持ってくるね。
- I'm planning to **bring them** on the plane with me.
  それらを機内に持ち込もうと思っているんだ。
- Please **bring them** to the dry cleaning shop.
  それをクリーニング店に持っていってください。

❻ bring us　　　　　　　　　　　　ブリンガス

- Maybe this will **bring us** good luck!
  もしかしたら、これが僕たちに幸運をもたらしてくれるかもしれない！
- Maybe the clouds will **bring us** some nice weather tomorrow.
  もしかしたら、あの雲が明日のいい天気を運んできてくれるかもしれないね。
- That should **bring us** to the end of our discussion.
  この話で、議論の終わりになるものと思います。
- I'll **bring us** some donuts and coffee.
  みんなにドーナツとコーヒーを持ってくるね。
- He said he'll **bring us** some snacks.
  彼が、スナックを持ってきてくれると言ってたよ。

❼ bring it　　　　　　　　　　　　ブリンギッ（ト）

- **Bring it** here when you're finished with it.
  終わったら、それをここに持ってきてね。
- Don't **bring it** in here, because it's dirty.
  汚いから、ここには持ってこないで。
- I think you should **bring it** home with you.
  それ、家に持ち帰ったほうがいいと思うわ。
- I forgot to **bring it** with me.
  それ、持ってくるのを忘れたよ。
- I'll **bring it** home with me when I leave.
  それは、私が帰宅するときに、持っていきますよ。

Skitは次ページに ➡

Skit で聴いてみよう！

● 香港のお土産

A: So, did you **bring me** anything from Hong Kong?
B: Here! It's a jade statue of Buddha.
A: It's beautiful! And heavy! Did you **bring it** on the plane with you?
B: Yeah. So, do you want to keep it here in the office?
A: Yeah, maybe it will **bring us** some good luck!

A: それで、香港からなにか持って帰ってくれたの？
B: はい、これ！ ヒスイでできた仏像だよ。
A: すてきね！ しかも重いわ！ 機内に持ち込んだの？
B: そうさ。それで、これ、このオフィスに置いておきたいかい？
A: そうね。私たちに幸運をもたらしてくれるかもしれないわ！

32… call のルール

callは、末尾のlの音が脱落する傾向があり、「コー」としか聴こえない場合があります。また、lの音は、次にくる単語と連結して、1語のように聴こえる場合もあります。

[1] call の l は頻繁に脱落し、「コー」あるいは「コ」としか聴こえないことが多い。

[2] call の l の音は、あとにくる母音とつながって聴こえる。

練習1　❶〜❺のフレーズをCDで聴いてみよう！ （CD 2-47）

❶ **call me** ➡ コーミ
……call の l の音が脱落してしまい、「コ」あるいは「コー」という音が残る。me は軽く短く「ミ」のように聴こえる。

❷ **call you** ➡ コーユ
……① と同じく、call の l 音が脱落する。you も、短く軽く「ユ」と聴こえるので、全体では「コーユ」のような発音になる。

❸ **call him** ➡ コーリム
……call の後ろに him の h 音が脱落した音がつながるので、「コーリム」と聴こえる。

❹ **call her** ➡ コーラー
……③ と同様に、her の h が脱落し、2語がつながって1語のように聴こえる。caller（電話をかける人）という単語と同じ発音。

❺ **call them** ➡ コーレム
……③、④ と同じルールで、them の th の音が脱落。「エム」という音だけが残る。call +「エム」で、「コーレム」と聴こえる。

練習 2	聴き取り大特訓！
	音変化に注意しながら、次のセンテンスを聴き取ろう！

CD 2-48

❶ call me

コーミ

- **Call me** as soon as you get home.
  家に着いたらすぐ電話して。
- My name's Andrew, but please **call me** Andy.
  僕の名前はアンドリューですが、アンディーと呼んでください。
- Please **call me** on my cellphone.
  私の携帯に電話してください。
- Did you try to **call me** last night?
  昨日の夜、電話くれた？
- You can **call me** by my first name, Roger.
  ファーストネームで、ロジャーと呼んでくださってけっこうですよ。
- Don't **call me** after eleven thirty, please.
  11 時半以降は電話しないでくださいね。

❷ call you

コーユ

- I'll **call you** tonight, okay?
  今晩電話するね。いいかい？
- I tried to **call you**, but nobody answered.
  電話したんだけど、だれも出なかったよ。
- I might be too busy to **call you** tonight.
  今晩は忙しくて電話できないかもしれない。
- How late can I **call you**?
  夜は遅くて何時まで電話してもいい？
- Is it okay if I **call you** by your first name?
  ファーストネームでお呼びしてもいいですか？
- I'll try to **call you** from the airport.
  空港から電話するようにするよ。

❸ call him

コーリム

- Did you **call him** already?
  もう彼に電話した？

- Please **call him** about the change of the meeting time.
  打ち合わせの時間が変更になったことを、彼に電話で伝えておいてくれ。
- Don't **call him** "stupid"!
  彼を「バカ」呼ばわりするな！
- I heard somebody **call him** on the loudspeaker.
  だれかが彼の名前をアナウンスで呼んでいるのを聞いたよ。
- Maybe I'll **call him** about the hiking trip.
  ハイキングのことで、彼に電話しようかな。

❹ call her　　　　　　　　　　　　　コーラー

- Don't **call her** at the office. She's always so busy.
  彼女の職場には、電話しないほうがいいよ。彼女いつも忙しいから。
- If you **call her** now, she'll probably be home.
  いま彼女に電話すれば、たぶんうちにいるよ。
- I wouldn't **call her** my girlfriend. We're just friends.
  彼女はガールフレンドとは言えないよ。ただの友達だから。
- She lives overseas, so I don't know what time to **call her**.
  彼女、海外に住んでいるから、何時に電話したらいいかわからなんだ。
- I'll **call her** to explain why you can't go.
  君がなぜ行けないのか、彼女に電話して説明するよ。

❺ call them　　　　　　　　　　　　　コーレム

- I tried to **call them**, but they weren't home.
  彼らに電話したんだけど、留守だったんだ。
- We don't **call them** California sushi rolls, but they're like that.
  それらは「カリフォルニア巻き」とは呼ばないけど、そのようなものだね。
- If you **call them** now, you'll probably have to wait a long time.
  いま電話したら、おそらくかなり待たされるよ。
- You can **call them**, but they aren't going to change their minds.
  彼らに電話してもいいけど、気が変わることはまずないよ。
- Don't **call them** yet. It's still too early in London.
  まだ彼らに電話しないで。まだロンドンでは時間が早すぎるわ。

Skit は次ページに ➡

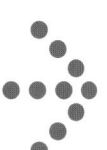

Skit で聴いてみよう！

● 伝言の相手に連絡する

A: Hi. I got the message that you tried to **call me**.
B: Yes, I did. I wanted to ask if you have spoken to the client yet.
A: I did **call them**, but it seems like they haven't made up their minds yet.
B: Okay, that's all I wanted to know. My boss was asking about it.
A: I'm planning to **call him** this afternoon to bring him up to date.
B: I appreciate it. Oh, I've got a visitor. I'll **call you** later, okay?

A: もしもし。電話をいただいたというメッセージが残っていましたので。
B: ええ、電話しましたよ。クライアントと、もう話をしたかたずねたくて。
A: 電話はしたんですけど、まだ決断していないみたいなんです。
B: わかりました。それが知りたかっただけです。ボスが、どうなったかとたずねていたので。
A: 今日の午後、近況を知らせるために彼に電話する予定です。
B: ありがとうございます。来客のようなので、失礼します。また後ほどお電話しますね。

33 come のルール

　come の発音の変化のおもな特徴は、後ろにくる単語と音がつながって1語のように聴こえる点です。また、come の最初の co［カ］の音が、「ク」に近い音に変化することもあります。

[1] 後ろにくる母音といっしょになり、「カマ」「カミ」「カモ」のような音に変化する。
[2] come の頭の「カム」という音が「クム」という音に変化する場合もある。o の音が脱落するためだ。

練習1　❶〜❹のフレーズを CD で聴いてみよう！　(CD 2-50)

❶ **come here**　➡ カミア
　……here の最初の h の音が脱落してしまう。come +「イア」で、「カミア」という発音になる。

❷ **come out**　➡ カマウ
　……out の t は脱落。come［カム］+「アウ」がつながって、「カマウ」のように聴こえる。

❸ **come in**　➡ カミン
　……come と in の2語が連なって、1語のように聴こえる。

❹ **come on**　➡ カモン
　……後ろの on と連なって、「カモン」と聴こえる。come の o の音が抜け、「クモン」に近く聴こえることもある。

練習2　聴き取り大特訓！
音変化に注意しながら、次のセンテンスを聴き取ろう！

CD 2-51

❶ come here　　　　　　　　　　　　　カミア

- **Come here** for a minute, please?
  ちょっとこっちに来てくれる？

- Why don't you **come here** by taxi?
  タクシーで、こっちに来たらどう？

- Can you **come here** a little earlier than we planned?
  予定より少し早く来てもらえるかな？

- **Come here** and talk to me!
  こっちに来て話をして！

- **Come here** and look at this!
  こっちに来てこれを見て！

❷ come out　　　　　　　　　　　　　カマウ

- **Come out** and see the fireworks!
  外に出てきて、花火を見てよ！

- The magazine doesn't **come out** until next week.
  その雑誌、来週まで発売されないんだ。

- That stain won't **come out** unless you wash it right away.
  すぐに洗わない限り、そのしみは取れないよ。

- I'll **come out** in a few more minutes.
  あと数分で出ていくよ。

- The scandal will **come out** in tomorrow's paper.
  そのスキャンダルは明日の新聞で報道されるだろう。

- I can't **come out** now, because I'm busy.
  いまは忙しいから出ていけないんだ。

❸ come in　　　　　　　　　　　　　カミン

- I'll **come in** a few minutes.
  あと数分で行くから。

- I think we'll **come in** under budget.
  予算以下で納まると思います。

- Does it **come in** any other colors?
  それのほかの色のはありませんか？

- You should **come in** and get warm.
  中に入って暖まりなさい。

- I think he'll **come in** first place!
  彼、1位になると思うわ！

- The announcement will **come in** a few days.
  発表は数日後になされるはずだ。

❹ come on   カモン

- **Come on**! It'll be fun!
  いいじゃん！ 絶対に楽しいからさ！

- What time does the show you want to watch **come on**?
  君が観たい番組は何時に始まるの？

- We didn't **come on** the same plane.
  私たち、同じ飛行機で来なかったんです。

- **Come on** and join the party!
  さあ、パーティーに参加しなよ！

- You should **come on** the night cruise!
  君もナイトクルーズに乗るべきだよ！

- If you **come on** a Friday, drinks are half price until eight pm.
  金曜日の夜に来れば、8時まで飲み物は半額だよ。

Skit は次ページに ➡

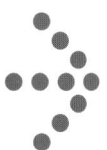

Skit で聴いてみよう！

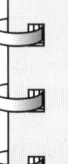

● 飲みにいけない理由

A: We're going to hit the bars after work. Do you want to **come out** with us?
B: Not tonight. I'm too busy.
A: **Come on**! Why don't you just join us for one or two?
B: **Come here** and look at this pile of work on my desk! I'm stuck here!

A: 仕事のあとで飲みにいくんだ。いっしょに行かないか？
B: 今夜は無理。忙しすぎるのよ。
A: そう言わないで！ 1杯か2杯だけでもどうだい？
B: こっちに来て、私の机の上にある仕事の山を見てよ！ どこへも出かけられないわよ！

34 ... love と give のルール

ここでは、類似の発音変化を生じる love と give について取り上げておきます。love も give も、末尾の v の音が、後ろの単語の母音と混じり合う点に注意して聴き取り練習を行いましょう。

　[1] love と give の末尾の v 音は、後続の単語の母音とつながって聴こえる。
　[2] あとに続く代名詞は、you〔ユ〕、him〔ィム〕のように弱く読まれ、聴き取りにくいので注意。

練習1　❶〜❺のフレーズを CD で聴いてみよう！ CD 3-02

❶ **love/give/gave you**　➡　ラヴュ／ギヴュ／ゲイヴュ
……you の音が、非常に弱くなり、小さく短い「ュ」のように聴こえるので、全体では「ラヴュ」「ギヴュ」「ゲイヴュ」という発音になる。

❷ **love/give/gave you**　➡　ラヴヤ／ギヴヤ／ゲイヴヤ
……you の音が、「ヤ」という音に変化する場合もある。その場合、全体では「ラヴヤ」「ギヴヤ」「ゲイヴヤ」という発音になる。

❸ **love/give/gave him**　➡　ラヴィム／ギヴィム／ゲイヴィム
……him は h 音が脱落して、「ィム」という発音になる。

❹ **love/give/gave her**　➡　ラヴァー／ギヴァー／ゲイヴァー
……her は、微弱になり「ァ」や「ァー」と聴こえるため、全体では、「ラヴァ（ー）／ギヴァ（ー）／ゲイヴァ（ー）」と聴こえる。

❺ **love/give them**　➡　ラヴェム／ギヴェム
……them は、頭の th 音が脱落した上、さらに微弱になり、「ェム」のような発音となる。

練習2 聴き取り大特訓！
音変化に注意しながら、次のセンテンスを聴き取ろう！

CD 3-03

❶ love/give/gave you（1）　ラヴュ／ギヴュ／ゲイヴュ

- I **love you** for that!
  それのことでは、君に感謝してるよ！

- Let me **give you** some advice.
  君にアドバイスをしよう。

- I can **give you** one more day, but that's all.
  君にあと1日、時間をあげられるけど、それ以上は無理ですよ。

- They don't **give you** big enough portions at that restaurant.
  あのレストランは食べ物の量が少ない。

- I already **gave you** my email address, right?
  もう私のメールアドレスはあげたよね？

❷ love/give/gave you（2）　ラヴャ／ギヴャ／ゲイヴャ

- I **love you** for that!
  それのことでは、君に感謝してるよ！

- Let me **give you** some advice.
  君にアドバイスをしよう。

- I can **give you** one more day, but that's all.
  君にあと1日、時間をあげられるけど、それ以上は無理ですよ。

- They don't **give you** big enough portions at that restaurant.
  あのレストランは食べ物の量が少ない。

- I already **gave you** my email address, right?
  もう私のメールアドレスはあげたよね？

❸ love/give/gave him　ラヴィム／ギヴィム／ゲイヴィム

- I **love him** even though he hurt me.
  彼は私を傷つけたけど、それでも愛しています。

- I can't decide what to **give him** for his birthday.
  彼の誕生日になにをあげようか迷っているの。

- Do you think I should **give him** another chance?
  彼にもう一度チャンスを与えたほうがいいと思う？

- Did you **give him** my phone number?
  彼に私の電話番号を渡したの？

- I **gave him** some advice about his job.
  彼の仕事についてアドバイスしてあげた。

❹ love/give/gave her   ラヴァー／ギヴァー／ゲイヴァー

- I don't think I **love he**r anymore.
  もう彼女のことを愛してはいないと思う。

- I don't think I should **give her** such an expensive present.
  彼女に高価なプレゼントをあげるべきではないと思うんだ。

- I don't want to **give her** so much information about me.
  彼女に、自分のことをいろいろ教えたくはないんだ。

- I can't remember if I already **gave her** a spare key.
  もう彼女に合鍵をあげたかどうか覚えていないんだ。

- I wonder if I **gave her** the right directions?
  彼女に正しい道順を教えてあげただろうか？

❺ love/give them   ラヴェム／ギヴェム

- My children are all different, but I **love them** all the same.
  子供はそれぞれみんな違うけど、全員を同じように愛しています。

- I think we should **give them** more time to finish.
  彼らに終えるための時間をもっと与えたほうがいいと思います。

- Did you **give them** the right instructions?
  彼らに正しい指示を与えましたか？

- Would you **give them** directions from the station?
  彼らに駅からの道順を教えてあげてくれませんか？

- Are you sure you're allowed to **give them** ice cream?
  あなたから彼らにアイスクリームを与えてもいいって、確かなの？

Skit は次ページに ➡

Skit で聴いてみよう！

● プレゼントよりも大切な時間

A: My girlfriend thinks I don't **love her** anymore.
B: She **gave you** a reason why she thinks this?
A: Yeah, she says I don't **give her** enough attention.
B: Is that true?
A: Well, I have been really busy lately. But I **gave her** a really nice present on her birthday.
B: Let me **give you** some advice. Fancy presents aren't a replacement for time.

A: 彼女、もう僕が愛していないと思っているんだ。
B: どうしてそう思うのか、理由は言っていたの？
A: ああ。僕が十分にかまってあげてないって言うんだ。
B: 実際そうなの？
A: 最近すごく忙しいんだ。でも彼女の誕生日にすごくいいプレゼントをあげたんだぜ。
B: アドバイスをしてあげるわ。高価なプレゼントは時間の代わりにはならないのよ。

35… **let** のルール

let の発音も日本人には聴き取りにくいものです。t が脱落することもその一因です。ほかにも、t が後ろの母音と混じったり、y と混じり変化することも、let の聴き取りの難度を上げています。

[1] let の末尾の t の音がなくなり、「レ」という音だけが残る場合がある。
[2] t の音が y と混じって「チュ」という音になる。
[3] t の音が、後ろの母音と連なり「ダ行」や「ラ行」に近い音に変わる。

練習1　❶〜❻のフレーズを CD で聴いてみよう！ CD 3-05

❶ **let me**　　➡ レミ
……let の末尾の t の音がなくなる。me は「ミ」と短く弱く発音される。

❷ **let you**　　➡ レッチュー
……let の末尾の t が y とくっつき、「チュ」に近い音に変化する。

❸ **let him**　　➡ レディ［リ］ム
……let の末尾の t が「ダ［ラ］」行に近い音に変化し、him の h 音が消える。

❹ **let her**　　➡ レダ［ラ］
……let の末尾の t が「ダ［ラ］」行に近い音に変化し、her の h 音が消える。

❺ **let us**　　➡ レダ［ラ］ス
……let の末尾の t が「ダ［ラ］」行に近い音に変化し、us［アス］に連なるので、「レダ［ラ］ス」と聴こえる。

❻ **let them**　　➡ レデ［レ］ム
……let の末尾の t が「ダ［ラ］」行に近い音に変化し、them の th 音が消える。

練習2　聴き取り大特訓！
音変化に注意しながら、次のセンテンスを聴き取ろう！

❶ Let me　　　　　　　　　　　　　　レミ

- I can't decide yet. **Let me** get back to you.
  まだ決められないんだ。あとで連絡するよ。
- **Let me** carry those bags for you.
  僕にそのカバンを運ばせてください。
- My parents don't **let me** stay out late.
  うちの両親は遅くまで外出させてくれないんだ。
- **Let me** think it over.
  考えさせてくれ。
- I wish you would **let me** work at home.
  私に家で仕事をさせてくれたらいいのに。

❷ Let you　　　　　　　　　　　　　　レッチュー

- I don't want to **let you** go!
  君を離したくない！
- I'll **let you** use my computer.
  僕のコンピューター使わせてあげるよ。
- What time did your boss **let you** leave last night?
  昨夜、君の上司は何時に帰宅させてくれたのさ？
- I'll **let you** know as soon as I hear something.
  なにか聞いたら、すぐに連絡しますよ。
- I'll **let you** use my office.
  私のオフィスを使わせてあげますよ。

❸ let him　　　　　　　　　　　　　　レディ［リ］ム

- Don't **let him** talk to you like that!
  彼にあんなこと言わせておいちゃダメだよ。
- Did you **let him** play video games the whole time?
  彼にずっとテレビゲームをさせていたのかい？
- We can't **let him** do all the work by himself.
  彼ひとりだけに仕事をさせておくわけにはいかないよ。

- I shouldn't have **let him** stay out so late.
  彼にあんなに遅くまで出かけさせるべきじゃなかったわ。

- I **let him** know I wasn't happy.
  彼に私が不満に思っていることをわからせたわ。

❹ let her　　　　　　　　　　　　レダ[ラ]

- I never should have **let her** go!
  彼女と別れるべきじゃなかったんだ！

- We didn't **let her** have a driver's license till she was twenty.
  彼女が20歳になるまでは、運転免許を取らせなかった。

- Let's meet tomorrow. That will **let her** rest at her hotel first.
  明日会いましょう。そうすれば、まず彼女がホテルで休めるから。

- I won't **let her** get away with that!
  彼女があんなことをしたのを許すわけにはいかない！

- We should **let her** know about the change of plans.
  予定変更のことを彼女に知らせなければ。

❺ let us　　　　　　　　　　　　レダ[ラ]ス

- They won't **let us** take any pictures.
  彼らは、まったく写真を撮らせてくれない。

- Will they **let us** all stay in one room?
  僕たちみんなを、ひと部屋に滞在させるつもりなのだろうか？

- Will you **let us** have a few minutes to think it over?
  ゆっくり考えたいので、少し時間をもらえますか？

- I think they should **let us** use the gym.
  僕らにジムを使わせてくれるべきだと思うな。

- I won't **let us** lose this game!
  俺がいる限り、絶対にこの試合は負けさせない！

❻ let them　　　　　　　　　　　　レデ[レ]ム

- We shouldn't **let them** raise the price again.
  彼らに再び値上げさせてはならない。

Chapter 1　フレーズの発音変化　167

- When my kids were young, I didn't **let them** eat sweets.
  子供が小さかったときは、甘いものを食べさせなかった。
- I'm not going to **let them** know I saw them leave early.
  彼らが早く出ていったのを見たことを、彼らに知られはしない。
- I'll **let them** know that you'll join later.
  君があとから来るということを、彼らに知らせておくよ。
- Don't **let them** see you talking to their rival.
  君が彼らのライバルと話しているのを、見られないようにな。

Skit…で聴いてみよう！

● 高額な支払い

A: Do you think you could **let me** borrow a few bucks to pay for tonight?
B: Okay, but I'm not going to **let you** do this every time!
A: It's Joe's fault! Why did you **let him** choose such an expensive place?
B: Don't worry, next time he'll **let us** decide on the place.

A: 今夜の支払いに、数ドル借りられないかな？
B: かまわないけど、毎回こんなふうにはさせられないわよ。
A: ジョーのミスじゃないか！なんで彼にこんなに高い店を選ばせたのさ？
B: 心配ないわよ。次回は、私たちに場所を決めさせるだろうから。

36 need のルール

need は、単語の最後の音が d で終わるため、t で終わる let と類似した変化を発音に生じます。

[1] need の末尾の d の音が次にくる y と混じって「ジュ」に近い音に変化してしまう。
[2] d の音が、後ろの母音と連なり「ダ行」や「ラ行」に近い音に変わる。

練習1 ❶〜❹のフレーズを CD で聴いてみよう！ （CD 3-08）

❶ **need you** ➡ ニージュ
……need の末尾の d 音が、you の y 音と混じり合い、いっしょになって、「ジュ」という音声に変化する。

❷ **needs you** ➡ ニージュ
……動詞に3人称単数の s がついてはいるが、① とほとんど同じ発音になる。

❸ **need him** ➡ ニーディ［リ］ム
……him は h の音が脱落して「ィム」という発音に。need の d が、「ィム」に連なるとき、「ダ［ラ］」行に近い音に変わる。

❹ **need her** ➡ ニーダ［ラ］ー
……③ と同様の変化が起きるため、her は「ァ（ー）」に変わる。d の音は「ダ［ラ］」行の音に近い音になる。ほかにも、need them のときにも同様の変化が起こる。

Chapter 1 フレーズの発音変化 169

練習 2　聴き取り大特訓！
音変化に注意しながら、次のセンテンスを聴き取ろう！

CD 3-09

❶ need you　　　　　　　　　　　　　ニージュ

- I **need you** to keep the volume down.
  音量を下げておいてくれないと困るよ。

- I **need you** to do a favor for me.
  頼みを聞いてもらいたいんだけど。

- We **need you** to let us know your schedule as soon as possible.
  そちらのスケジュールを、できるだけ早く知らせてください。

- I don't **need you** to stay the whole time.
  ずっといてもらう必要はありませんよ。

- I **need you** to run an errand for me.
  お遣いに行ってきて。

- We **need you** to be flexible.
  柔軟に対応してください。

❷ needs you　　　　　　　　　　　　ニージュ

- He **needs you** to let him know by tomorrow.
  明日までに、彼に連絡してもらわないと困るって。

- She **needs you** to translate for her when she meets her landlord.
  彼女が大家と話すときは、あなたに通訳してもらう必要がある。

- Dave **needs you** to come in early tomorrow.
  デイヴが君に、明日、早く出社してもらいたがっている。

- Sharon **needs you** to send your reports by tomorrow.
  シャロンが、君に報告書を明日までに送ってもらう必要があるって。

- John **needs you** to come back by six.
  ジョンが君に6時までに戻ってきてほしいそうだ。

- Everyone **needs you** to show the way.
  みんなが君の道案内を必要としている。

❸ need him   ニーディ [リ] ム

- I **need him** to be more honest with me.
  彼には、もっと正直になってもらわないと困るの。
- I don't think I **need him** to work this weekend.
  今週末は彼に働いてもらう必要はないと思う。
- We **need him** to spend more time working on this.
  彼には、この仕事にもっと時間を費やしてもらいたい。
- Are you sure you **need him** to rewrite everything?
  ほんとうに彼にすべてを書き直してもらう必要がありますか？
- I think I won't **need him** to come after all.
  やっぱり彼に来てもらう必要はなさそうだ。
- I **need him** to pay more attention.
  彼には、もっと注意を払ってもらう必要がある。

❹ need her   ニーダ [ラ] ー

- I **need her** to stay a few extra hours.
  彼女には、もう数時間、残ってもらう必要がある。
- I **need her** to help me out with my Japanese.
  私の日本語のことで、彼女に手伝ってもらう必要がある。
- We **need her** to focus more on the main issues.
  彼女には、もっと重要な課題に的を絞ってもらわないと困る。
- We **need her** to translate this.
  彼女にこれを翻訳してもらいたいのです。
- I don't **need her** to help me set up.
  準備するのに、彼女に手伝ってもらう必要はない。
- I didn't realize how much I **need her**.
  自分が彼女のことをどのぐらい必要としているか、気づかなかった。

Skit は次ページに ➡

Skit で聴いてみよう！

● 早朝の出社

A: I **need you** to call Tom.
B: Okay. What should I tell him?
A: Tell him I **need him** to come in as early as possible tomorrow.
B: Got it. What should I tell him if he asks why?
A: He needs to help me write these proposals. We **need them** to be finished before lunch.
B: I think you should call him directly. I think he **needs you** to explain how important it is.

A: トムに電話してくれ。
B: わかりました。なんと伝えましょうか？
A: 明日、できるだけ早く出社してほしいと伝えてくれ。
B: かしこまりました。理由をきかれたらどうしましょうか？
A: この報告書を書くのを手伝ってほしいんだ。昼前に仕上げなくちゃならないんだよ。
B: 彼に直接お電話なさったほうがいいと思いますが。これがどの程度重要なのかを、彼に説明する必要があると思いますので。

37 want のルール

want も t で終わる動詞ですね。want が次の単語と連なるときも、need や let の音声変化と類似した変化を生じます。t の脱落、t が次の語と混じり「チュ」に聴こえる、といった変化が代表的です。

[1] want の t は頻繁に脱落する。
[2] nt の音が脱落する場合もある。
[3] 末尾の t が、次の y と混じり合い、「チュ」と変化する。

練習1　❶〜❼のフレーズを CD で聴いてみよう！　CD 3-11

❶ **want me** ➡ ウォンミ／ウォミ
……t 音のみが脱落して「ウォンミ」、nt が脱落すると、「ウォミ」と聴こえる。

❷ **want you** ➡ ウォンチュ
……want の t 音と、you の y 音が混じり合って、「チュ」という音に変化する。

❸ **want him** ➡ ウォニム
……want の t の音と、him の h 音が脱落して、2 語がつながって聴こえるため、「ウォニム」といった発音になる。

❹ **want her** ➡ ウォナ（ー）
……③ と同じく、want の t の音と、her の h 音が脱落して、2 語がつながって聴こえる。

❺ **want us** ➡ ウォナス
……want の t が抜け落ち、us に連なるので、「ウォナス」のように聴こえる。

❻ **want them** ➡ ウォネム
……want の t の脱落に加え、them の th の音までなくなるので、「ウォネム」という発音になる。

❼ **want it** ➡ ウォニッ（ト）
……want の t 音が抜け、it につながるため、「ウォニット」と聴こえる。その末尾の t 音も脱落することがあるが、その場合、「ウォニッ」と聴こえる。

Chapter 1　フレーズの発音変化

練習2　聴き取り大特訓！
音変化に注意しながら、次のセンテンスを聴き取ろう！

CD 3-12

❶ want me　　　　　　　　　　　　　ウォンミ／ウォミ

- Do you **want me** to meet him at the station?
  私が彼を駅まで迎えにいきましょうか？
- They **want me** to give a short speech at their wedding.
  彼らの結婚式で、私に短いスピーチをしてほしいそうだ。
- They **want me** to transfer to the New York office.
  私をニューヨーク支店に異動させたいらしいんだ。
- Do you **want me** to send you the recipe?
  レシピをお送りしましょうか？
- Does he **want me** to use my credit card?
  彼、私に自分のクレジットカードで払ってほしいのかな？

❷ want you　　　　　　　　　　　　　ウォンチュ

- I **want you** to call me from the airport.
  空港から、私に電話して欲しいのです。
- Do they **want you** to work every weekend?
  彼らは君に、毎週末働いてほしいと思っているのか？
- Does he **want you** to start paying some of the rent?
  彼はあなたに、家賃の一部を払い始めてほしいと思っているの？
- I don't see why they **want you** to start over again.
  なんで彼らがあなたに始めからやり直してほしいと思っているのかわからない。
- I don't **want you** to have to go to so much trouble.
  君には、あまり面倒をかけさせたくはないんだ。

❸ want him　　　　　　　　　　　　　ウォニム

- I **want him** to explain to me his reasons for quitting.
  なぜ辞めるのか、彼に説明してほしい。
- Does she **want him** to spend more time with the kids?
  彼女は彼にもっと子供と時間を過ごすようにしてほしいのかな？
- We **want him** to send us the details later.
  彼からは、あとで詳細を送ってもらいたいな。

- Do you **want him** to contact you directly?
  彼から直接、連絡をもらいたいのですか？

- I **want him** to explain this in more detail.
  彼には、この件をもっと詳細に説明してもらいたい。

❹ want her　　　　　　　　　　　ウォナ（ー）

- I **want her** to go to Hawaii with me.
  彼女には、いっしょにハワイに行ってほしいんだ。

- Do you **want her** to go to a private school?
  彼女に私立の学校に行ってほしいのかい？

- I don't **want her** to stay out so late.
  彼女にあまり遅くまで出かけていてほしくないの。

- They **want her** to become a doctor.
  彼らは彼女に医者になってほしいと思っている。

- I **want her** to see if she can get a discount.
  値引きしてもらえるのかどうか、彼女に調べてもらいたい。

❺ want us　　　　　　　　　　　ウォナス

- They **want us** to be their sole supplier.
  彼らはわれわれに、唯一のサプライヤーになってほしいようだ。

- Do you **want us** to send you some product information?
  弊社から、製品情報を送ってほしいですか？

- I **want us** to be friends.
  あなたと友達になりたいの。

- I don't **want us** to waste our time.
  われわれの時間を無駄にしたくないんだ。

- They **want us** to come a little earlier than planned.
  予定よりも少し早めに来てほしいらしい。

❻ want them　　　　　　　　　　　ウォネム

- I don't **want them** to do it all by themselves.
  彼らだけで全部をやってほしくはないんだ。

- Do you **want them** to look for a new supplier?
  彼らに新しいサプライヤーを探してほしいのかい？

- I **want them** to repair it without charging me.
  彼らにそれを無料で修理してほしいんだ。

- You **want them** to wake up early, right?
  彼らに早く起きてほしいんだろう？

- I **want them** to practice for one more hour.
  彼らにもう１時間余分に練習させたい。

❼ want it   ウォニッ（ト）

- I **want it** to be finished before you leave tonight.
  あなたが今晩帰る前に、それを終わらせてほしい。

- I **want it** ready for me when I get home.
  僕が家に帰ったら、準備ができているようにしてほしい。

- Do you **want it** with cheese?
  それにはチーズを入れますか？

- Do you **want it** to go, or will you eat it here?
  お持ち帰りですか？　それとも店内でお召しあがりですか？

- I just **want it** to be like it was.
  昔のようにしたいだけなんだ。

Skit で聴いてみよう!

● 友人の訪問

A: I hope my friends can find their way here. I don't **want them** to get lost.
B: Do you **want me** to go meet them at the station?
A: I don't **want you** to go to any trouble.
B: I don't mind doing it.
A: Thanks! While you're gone, I'll keep cleaning this room. I **want it** to look nice when they get here.

A: 私の友達、ここまでちゃんと来られるといいけど。迷子になってほしくないわ。
B: 駅まで迎えにいってあげようか?
A: あなたに面倒な思いをしてほしくないわ。
B: 僕はかまわないよ。
A: ありがとう! あなたが出かけている間、部屋の掃除を続けてるわね。彼らが到着したとき、きれいに見せたいから。

38 **get** のルール

　get の音声変化で注意すべき点は、it や up, out などこまごまとした代名詞や副詞などといっしょになって、末尾の t の音が、「ダ［ラ］」行のような音に変化することです。

[1] get の t はあまり脱落しない。
[2] その代わりに、get の t は後ろの母音と混じり合い、「ダ［ラ］」行のような音に変化してしまうことが非常に多い。
[3] 後ろに you などの y 音を伴うと、get の t と混じり合い「チュ」のような音になる。

練習1　❶〜❿のフレーズを CD で聴いてみよう！ （CD 3-14）

❶ **get me**　　➡ ゲミ
　……t の音が脱落する例。「ゲ」＋ me で、「ゲミ」と聴こえる。

❷ **get you**　　➡ ゲッチュー
　……get の t が後ろの y 音と混じり合い、「チュ」と聴こえる。

❸ **get him**　　➡ ゲディ［リ］ム
　……him の h の音は脱落する。get ＋「ィム」となるが、t は「ダ［ラ］」行のような音になる。

❹ **get his**　　➡ ゲディ［リ］ズ
　……③ と同様、his の h の音が脱落する。get ＋「ィズ」となるが、t は「ダ［ラ］」行のような音になる。

❺ **get her**　　➡ ゲダ［ラ］ー
　……③、④ と同様、her の h の音が脱落する。get ＋「ァー」となるが、t は「ダ［ラ］」行のような音になる。

❻ **get us**　　➡ ゲダ［ラ］ス
　……get の t が、後続の母音と混じり合うため、ここでも「ダ［ラ］」行のような音に変化する。

❼ get it ➡ ゲディ［リ］ッ（ト）

……⑥ と同様、あとに母音がくるので、get の t は「ダ［ラ］」行に似た音になる。it の t もなくなってしまうことがある。

❽ get that ➡ ゲザッ（ト）

……get の t 音が脱落して、that に連なるので、「ゲザッ（ト）」と聴こえる。

❾ get up ➡ ゲダ［ラ］ップ

……get の t が、あとにくる u の音の影響で「ダ［ラ］」行のような音に変化。

❿ get out ➡ ゲダ［ラ］ウ（ト）

……get の t が、あとにくる o の音の影響で「ダ［ラ］」行のような音に変化。out の t も脱落することがある。

練習2　聴き取り大特訓！
音変化に注意しながら、次のセンテンスを聴き取ろう！
CD 3-15

❶ get me　　　　　　　　　　　　ゲミ

- You can usually **get me** at home after eight pm.
  ふつうは、8時以降なら家にいるよ。

- Would you **get me** a stapler?
  ホチキスを取ってきてくれますか？

- I need you to **get me** some things while you're out.
  出かけている間に、いくつか君に買ってきてほしいものがあるんだけど。

- Can you **get me** my suitcase?
  僕のスーツケース取ってくれる？

- I hope he can **get me** a good price.
  彼が、いい値段をもってきてくれるといいのだが。

❷ get you　　　　　　　　　　　　ゲッチュー

- Can I **get you** anything?
  なにかお持ちしましょうか？

- Can I **get you** to do something for me?
  やってほしいことがあるんですが。

Chapter 1　フレーズの発音変化　179

- So, what can I **get you**?
  それで、なにをお持ちしましょうか？

- Are you sure I can't **get you** something to drink?
  君、ホントに飲み物はいらないの？

- I'll **get you** something at the airport.
  空港でなにか買ってくるよ。

❸ get him   ゲディ [リ] ム

- I couldn't **get him** to change his mind.
  彼に気持ちを変えてもらうことはできなかった。

- I can't **get him** to wake up on time.
  彼に時間どおりに起きるようにしてもらえないのよ。

- I wish I could **get him** to take this more seriously.
  もっと彼にこのことをまじめに受け止めてもらえたらいいんだけど。

- We'd better **get him** some extra clothes.
  彼に着るものをもう少し持ってきてあげたほうがいい。

- I usually **get him** a present when I go on business trips.
  出張に出かけるときは、よく彼にお土産を買ってくる。

❹ get his   ゲディ [リ] ズ

- He needs to **get his** act together!
  彼はもっとしっかりしなくてはだめよね！

- I have to **get his** messages while he's gone.
  彼の留守中、伝言を受けなくちゃならないんだ。

- I would love to **get his** opinion on this.
  これについて、彼の意見を聞きたいんだ。

- We need to **get his** approval for this.
  この件は、彼の承認を取る必要があるね。

- I don't think we should **get his** boss involved.
  彼の上司を巻き込むべきだとは思わない。

❺ get her   ゲダ [ラ] ー

- I don't know what to **get her** for her birthday.
  彼女の誕生日になにを買ってあげたらいいかわからない。

- Did you **get her** email address?
  彼女のメールアドレス、ゲットした？
- Try to **get her** on the phone, okay?
  彼女に電話をつないでくれ。
- I'll try to **get her** at home tonight.
  今晩、彼女の家に電話してみるよ。
- You have to **get her** to come and present her ideas.
  彼女に来てもらって、アイデアを提出してもらわないとね。

❻ get us　　ゲダ［ラ］ス

- They'll try to **get us** to give them a discount.
  彼らは割り引きを迫ってくるよ。
- He said he'll **get us** some extra help.
  僕たちを助けてくれる人を探してくれるって、彼が言っていたよ。
- That will **get us** some more time.
  これでもっと時間をかせげる。
- I'll go and **get us** some snacks.
  ちょっとスナックでも買ってくるよ。
- That will **get us** home an hour earlier.
  そうすれば、1時間早く帰宅できるね。

❼ get it　　ゲディ［リ］ッ（ト）

- You should **get it** by tomorrow.
  明日までにはそちらに届くはずです。
- Can I **get it** gift-wrapped?
  プレゼント用に包んでもらえますか？
- I don't **get it**. What's so funny?
  わかんない。なにがそんなにおかしいの？
- I'll **get it** before I leave tonight.
  今夜、帰る前にやっておきます。
- We should **get it** charged to our business account.
  それは経費につけておくべきだよ。

❽ get that   ゲザッ（ト）

- I'm busy. Would you **get that**? *
  忙しいんだ、出てくれる？ （＊電話や玄関などの応対時の表現）
- Where did you **get that** shirt?
  そのシャツ、どこで手に入れたの？
- Can I **get that** with extra sauce?
  それ、ソースを余分につけてもらえますか？
- I'll **get that** on my way out.
  それは、外に出るときに買っておくよ。
- I think we should **get that** settled first.
  まずは、それを解決しないと。

❾ get up   ゲダ［ラ］ップ

- I need to **get up** at five tomorrow!
  明日、5時に起きなくちゃいけなんだ。
- I should **get up** earlier every day.
  毎日もっと早く起きるべきだよなあ。
- I need to **get up** the courage before I ask for a raise.
  昇給をお願いする前に、勇気を出さないと。
- When I **get up**, I'll call you.
  起きたら、君に電話するよ。
- I usually don't **get up** this early.
  いつもはこんな早くに起きないのだが。

❿ get out   ゲダ［ラ］ウ（ト）

- What time does he **get out** of school?
  彼は何時に学校が終わるの？
- **Get out** of my way!
  どけどけ！
- I can't **get out** of working overtime next week.
  来週は、残業から逃れることはできないよ。
- Don't think you can **get out** of doing your chores!
  雑用から逃げられるなんて思わないで！

- I need to **get out** of these wet clothes.
この濡れた服、脱がなきゃ。

Skit で聴いてみよう！

● 睡眠不足

A: You look tired. Shall I **get you** some coffee?
B: That would be great, thanks. I had to **get up** really early today.
A: Why?
B: I was working on a presentation. I needed to **get it** finished last night.
A: How did it go?
B: I think it's good. I hope it will **get us** some new business.

A: 疲れているようね。コーヒーを持ってきてあげようか？
B: そうしてもらえるとありがたい。今朝は早く起きなくちゃならなかったんだ。
A: どうして？
B: プレゼンテーションの準備をしていたんだ。昨日の夜までに終わらせなくちゃならなかったんだ。
A: どうだったの？
B: うまくできたんじゃないかと思うよ。新規の仕事が入ってくるといいけど。

39 ... take と make のルール

　動詞の音声変化の最後に、make や take, ask など、k が末尾にくるものを集めてチェックしておきましょう。後ろにくる代名詞などと混じり合って聴こえることが大きな特徴です。ここでは紹介していませんが、動詞 check なども同様の変化をします。

[1] いずれの語も、後ろにくる母音と混じり合って1語のように聴こえる。
[2] 後ろにくる代名詞などが、h や th で始まるとき、それらの音が脱落することが多い。

練習1　❶〜❹のフレーズを CD で聴いてみよう！　CD 3-17

❶ **make/take/ask you** ➡ メイキュー／テイキュー／アスキュー
……いずれの語でも、k 音が、後ろの you と連なり、「キュー」のように聴こえてしまう。

❷ **make/take/ask him** ➡ メイキム／テイキム／アスキム
……末尾の k が、him［ィム］と連なるので、「〜キム」と聴こえる。

❸ **make/take/ask her** ➡ メイカ(ー)／テイカ(ー)／アスカ(ー)
……② と同じく、k 音が、her［ァ（ー）］と連なるので、「〜カ（ー）」のように聴こえる。

❹ **make/take/ask them** ➡ メイケム／テイケム／アスケム
……これも、②、③ と同様。k + them［ェム］で、「〜ケム」と聴こえる。

練習2 聴き取り大特訓！
音変化に注意しながら、次のセンテンスを聴き取ろう！

CD 3-18

❶ make/take/ask you　メイキュー／テイキュー／アスキュー

- How can I **make you** see my point?
  どうしたら君に私の論点をわかってもらえるかなあ。

- Let me **make you** a new offer.
  新たなオファーをさせていただきたいと思います。

- I'll **make you** a cup of coffee.
  コーヒーをいれてあげるよ。

- Let me **take you** out to dinner.
  君を食事に招待させてくれないか。

- I'll **take you** to my favorite restaurant.
  私のいちばん好きなレストランに連れていってあげるよ。

- It will **take you** an hour to get here by subway.
  地下鉄でここまでくるのに、1時間かかるよ。

- I need to **ask you** for a big favor.
  君に大事な頼みがあるんだ。

- Did I forget to **ask you** about this job?
  君にこの仕事についてたずねるのを忘れていたっけ？

- Did he **ask you** out yet?
  彼、もうあなたのことをデートに誘ってきた？

❷ make/take/ask him　メイキム／テイキム／アスキム

- I have to **make him** study.
  彼に勉強させなくてはならない。

- Why don't you **make him** pay in advance?
  彼に前もって支払ってもらったらどう？

- Would you be able to **take him** to the station?
  彼を駅まで連れていくことはできる？

- I have to **take him** to the doctor.
  彼を医者に連れていかなくちゃならないんだ。

- Did you **ask him** about his plans?
  彼の計画についてたずねてみた？

Chapter 1　フレーズの発音変化　185

- I need to **ask him** about something.
  彼にたずねなくちゃいけないことがあるんだ。

- We should **ask him** if he can work that day.
  彼がその日に働けるかどうか、たずねてみないとね。

❸ make/take/ask her 　メイカ (ー) ／テイカ (ー) ／アスカ (ー)

- You can't **make her** love you!
  彼女に君を愛させるのは無理だよ！

- I wish I knew how to **make her** happy!
  彼女を幸せにする方法がわかったらなあ！

- I want to **take her** to the dance.
  彼女をダンスパーティーに連れていきたいんだ。

- I don't think you should **take her** word for it.
  彼女の言葉をあてにしないほうがいいと思うよ。

- I forgot to **ask her** what her size is.
  彼女のサイズがいくつなのか、たずねるのを忘れたわ。

- You shouldn't **ask her** how old she is!
  彼女に年齢をたずねてはだめよ！

❹ make/take/ask them 　メイケム／テイケム／アスケム

- I'd like to **make them** all the same size.
  それらをすべて同じサイズで作りたいと思います。

- She didn't **make them** work hard enough.
  彼女は彼らを、あまり懸命に働かせなかった。

- I'll **take them** to a baseball game.
  彼らを野球観戦に連れていくよ。

- You have to **take them** to the veterinarian.
  彼らを獣医に連れていかないとだめだよ。

- Why don't you **ask them** for a discount?
  彼らに割り引きしてくれるよう、頼んだらどう？

- Didn't you **ask them** to send it by express mail?
  彼らに速達で送るように頼まなかったの？

- We need to **ask them** to lower the rent.
  彼らに家賃を下げてくれるように頼まないとだめね。

Skit で聴いてみよう！

● 子供の世話を頼む

A: Can I **ask you** to do a favor for me?
B: What do you need?
A: Can you watch my kids tomorrow? I got called in to work.
B: Sure! I'll **take them** to the zoo!
A: Oh, that would be great! I'll **make them** finish their homework tonight so they can go.
B: So, should I spend all day with them?
A: Yes, please. Then I'll **take you** out to dinner as a reward!

A: 頼み事を聞いてもらいたいんだけど。
B: なに？
A: 明日、うちの子供たちの面倒をみてくれないかしら？ 仕事に呼び出されちゃったの。
B: いいよ！ 動物園に連れていってあげるよ！
A: それはいいわね！ ちゃんと行けるように、今晩、宿題を終えるようにさせるわ。
B: で、一日中、彼らといっしょにいたほうがいいの？
A: お願いします。お礼に食事をおごるわ！

40 Why のルール

ここからは、疑問詞の疑問文で生じる音声変化を取り上げていきます。疑問詞の次にくる語句は、あまり重要ではないことが多いため、非常に短く、また、音声の省略も多く発生します。それらが疑問詞と組み合わさると、日本人には到底もとの英語を想像できないほどに音声が変形してしまうことに注意してください。

[1] Why は「ホワイ」ではなく「ワイ」と軽く、短く発音されることが多い。
[2] were は「ゥ」、do は「ドゥ」のように、短く小さく発音される。
[3] did の末尾の d は、次にくる y と混じり変化する。
[4] didn't の t も、次の y と混じり変化する。

練習1　❶〜❼のフレーズを CD で聴いてみよう！　CD 3-20

❶ **Why are you** ➡ ワイァユ
……Why は「ワイ」、are は「ァ」、you は「ユ」と、どの語も短くなってまとめて発音される。

❷ **Why were you** ➡ ワイゥユ
……① と同じく、どの語も短く、軽くなる。were は「ゥ」という音になる。

❸ **Why do you** ➡ ワイドゥユ
……do は「ドゥ」のように短くなる。

❹ **Why did you** ➡ ワイジュ
……did + you は、本来、「ディジュ」という音に変化するが、さらに短くなると、「ジュ」だけしか聴こえない。

❺ **Why didn't you** ➡ ワイディンチュ
……didn't は、途中の d の音が抜け「ディント」と短縮される。さらに、末尾の t が you と混じり合い「チュ」と聴こえる。

❻ **Why have you** ➡ ワイヴユ
……Why have you は、本来、「ワィァヴユ」のように短縮される。さらに短くなり、「ワイヴユ」のようにしか聴こえなくなる場合も多い。

❼ **Why will you** ➡ ワイウィユ
……will の l の音が脱落して「ウィ」と聴こえる。you も、軽く、短く「ユ」となる。

練習2 聴き取り大特訓！
音変化に注意しながら、次のセンテンスを聴き取ろう！ CD 3-21

❶ Why are you　　　　　ワイァユ

- **Why are you** getting so upset?
  どうして、そんなに怒っているの？
- **Why are you** spending so much time on that?
  どうして、それにそんなに時間を費やしているんだい？
- **Why are you** leaving so soon?
  どうして、そんなにすぐに行っちゃうの？
- **Why are you** so hungry? We just ate!
  どうして、そんなにお腹がすいているのよ？ 食べたばかりじゃない！
- **Why are you** acting so strange?
  どうして、そんなにおかしな行動をしてるのさ？

❷ Why were you　　　　　ワイゥユ

- **Why were you** in such a hurry to leave?
  どうして、あんなに急いで帰ろうとしていたの？
- **Why were you** making such a big deal about it?
  どうして、そのことでそんなに大騒ぎしていたの？
- **Why were you** laughing when I came in?
  僕が入ってきたとき、どうして笑っていたんだい？
- **Why were you** parked so far away?
  どうして、あんなに遠くに車を止めたの？
- **Why were you** pretending like you didn't recognize him?
  なぜ彼に気づかなかいふりをしていたの？

❸ Why do you　　　　　　　　　　ワイドゥユ

- **Why do you** think he said that?
  どうして彼があんなことを言ったんだと思う？
- **Why do you** spend so much on cosmetics?
  どうして化粧にそんなにお金をかけるんだ？
- **Why do you** wear your hair so short?
  なんでそんなに髪の毛を短くするの？
- **Why do you** like horror movies so much?
  なんでそんなにホラー映画が好きなの？
- **Why do you** think we need to buy a new car?
  どうして新車を買う必要があると思うの？

❹ Why did you　　　　　　　　　　ワイジュ

- **Why did you** change companies so suddenly?
  どうして、そんなに急に転職したの？
- **Why did you** decide to break up with him?
  どうして彼と別れることにしたの？
- **Why did you** choose this one over that one?
  どうして、あっちじゃなくて、こっちにしたの？
- **Why did you** change your mobile phone company?
  どうして携帯電話会社を変えたの？
- **Why did you** make me wait so long?
  どうして、私を長く待たせたのよ？

❺ Why didn't you　　　　　　　　　ワイディンチュ

- **Why didn't you** tell me you were coming over?
  うちに来るって、なんで言ってくれなかったの？
- **Why didn't you** sing any songs at the karaoke bar?
  どうしてカラオケバーで歌わなかったの？
- **Why didn't you** bring your wife and kids?
  どうして奥さんと子供を連れてこなかったの？
- **Why didn't you** get gas at the last road stop?
  どうして最後のサービスエリアでガソリンを入れなかったの？

- **Why didn't you** try to call me on my cell phone?
  どうして、私の携帯に電話してみようとしなかったの？

❻ Why have you　　　　ワイヴユ

- **Why have you** been ignoring my emails?
  どうして私のメールを無視するの？
- **Why have you** changed your mind?
  どうして気が変わったの？
- **Why have you** chosen such a big car?
  どうして、こんなにでかい車にしたんだい？
- **Why have you** been working so hard on that?
  どうして、それにそんなに熱心に取り組んでいるんだ？
- **Why have you** decided to look for a new job?
  どうして新しい仕事を探す決意をしたの？

❼ Why will you　　　　ワイウィユ

- **Why will you** stay if you're not happy?
  辛いんだったら、なんで残るの？
- **Why will you** keep the same contract as before?
  どうして、前と同じ契約を続けているの？
- **Why will you** call him if you don't like him?
  彼のことが好きじゃないんだったら、なんで電話するの？
- **Why will you** check in at the hotel so early?
  どうして、そんなに早くホテルにチェックインするの？
- **Why will you** change the name of your company?
  どうして、会社の名前を変えるのですか？

Skitは次ページに ➡

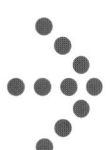

Skit で聴いてみよう！

● 大切な記念日

A: **Why were you** in such a hurry to leave yesterday?
B: It was my anniversary.
A: **Why didn't you** tell me? I would have let you take off early.
B: I felt like I shouldn't ask for special treatment, because I'm new.
A: **Why did you** think that way? We all understand about anniversaries!
B: Okay, thanks. Next time I'll speak up.

A: なぜ昨日あんなに急いで帰ろうとしていたんだい？
B: 記念日だったんです。
A: なんで言わなかったんだい？ 早く帰らせてあげたのに。
B: 新入りなので、特別扱いをお願いしてはいけないと思って。
A: なぜそんなふうに考えるんだい？ 記念日のことなら、みんな理解してるさ！
B: わかりました。ありがとうございます。次回はお願いするようにしますね。

41 ... WhereとWhenのルール

ここでは、when や where の疑問文の中でも、音の変化が大きなものを取り上げておきます。特に、途中に挟まる did や have、are などの音が聴こえないほど短いことに注意しましょう。

[1] Where は「ウェア」としか聴こえない場合が多いことに注意。
[2] did you は「ジュ」、have you は「ヴユ」、are you は「アユ」のように短く聴こえる。

練習1　❶〜❻のフレーズを CD で聴いてみよう！ (CD 3-23)

❶ Where did you　➡ ウェアジュ
……Where は「ウェア」と弱く発音。did you は本来、「ディジュ」と変化するが、さらにその「ディ」の部分まで脱落する場合が多い。

❷ Where have you　➡ ウェアヴユ
……have you は、本来、h が脱落して「ァヴユ」となるが、Where have you 全体では「ウェアヴユ」としか聴こえないことが多い。

❸ When are you　➡ ウェナユ
……When は「ウェン」、are you は「アユ」となり、互いに混じり合う。

❹ When did you　➡ ウェンジュ
……① の Where did you と同様の変化。did you は本来、「ディジュ」と変化するが、さらにその「ディ」の部分まで脱落する場合が多い。

❺ When's the　➡ ウェンザ
……When is the と When does the の短縮。本来なら、「ウェンズザ」となるところだが、途中の th の音が抜け落ち、「ウェンザ」という発音になることが多い。

❻ When's it　➡ ウェンズィッ（ト）
……全体が滑らかに連なって発音され、「ウェンズィット」と聴こえる。あるいは、it の t が脱落して、「ウェンズィッ」と聴こえることもある。When is it と When does it のどちらも同じ発音になる。

練習2 聴き取り大特訓！
音変化に注意しながら、次のセンテンスを聴き取ろう！

CD 3-24

❶ Where did you　　　　　　　　ウェアジュ

- **Where did you** take the client for lunch?
  クライアントとのランチは、どこに連れていったの？
- **Where did you** meet your girlfriend?
  ガールフレンドとはどこで出会ったの？
- **Where did you** buy all those shoes?
  そんなにたくさんの靴、どこで買ったの？
- **Where did you** take your kids on Saturday?
  土曜日は子供たちをどこに連れていったの？
- **Where did you** go to school?
  大学［学校］はどちらだったんですか？

❷ Where have you　　　　　　　　ウェアヴユ

- **Where have you** learned to speak Japanese so well?
  そんなに上手な日本語、どこで身につけたんですか？
- **Where have you** visited since you got to New York?
  ニューヨークに来てから、どこを訪れましたか？
- **Where have you** been the last few months?
  ここ数カ月、どこに行っていたのさ？
- **Where have you** been keeping yourself?
  ここしばらく、どこにいたのさ？
- **Where have you** traveled to in Asia?
  アジアの中では、どこへ行ったことがある？

❸ When are you　　　　　　　　ウェナユ

- **When are you** going to arrive?
  いつ到着するの？
- **When are you** two going to get married?
  君たちふたりは、いつ結婚するの？

- **When are you** planning on getting to the restaurant?
  レストランには何時に着く予定？
- **When are you** free to meet and chat?
  いつなら会っておしゃべりできる？
- **When are you** available for a meeting?
  打ち合わせには、いつなら来られますか？

❹ When did you　　　　　　　　　　　ウェンジュ

- **When did you** come back from your trip?
  旅行からいつ帰ったの？
- **When did you** read that article?
  あの記事、いつ読んだの？
- **When did you** get your driver's license?
  運転免許はいつ手に入れたの？
- **When did you** last get a haircut?
  いちばん最後に髪を切ったのはいつ？
- **When did you** find the time to write a novel?
  小説を書く時間なんていつあったの？

❺ When's the　　　　　　　　　　　ウェンザ

- **When's the** next performance start?
  次の公演は何時に始まりますか？
- **When's the** the last day of the expo?
  博覧会の最終日はいつ？
- **When's the** best time of year to travel to Venice?
  ベネチアに行くのにいちばんいい時期はいつ？
- **When's the** flight leave?
  フライトはいつ出るの？
- **When's the** bargain sale start?
  バーゲンセールはいつ始まるの？

❻ When's it　　　　　　　　　　　ウェンズィッ（ト）

- **When's it** okay to call you?
  いつだったら電話してもいい？

- **When's it** ready?
  いつ準備ができますか？
- **When's it** going to stop raining?
  いつになったら雨が止むんだ？
- I want to see that drama. **When's it** begin?
  そのドラマ観たいんだ。いつ始まるの？
- **When's it** usually start to get cooler?
  ふだんはいつ涼しくなり始めるの？

Skit…で聴いてみよう！

● 真夏の無料コンサート

A: **Where did you** go yesterday?
B: I went to see a free concert in Schiller Park.
A: They have free concerts there?
B: **Where have you** been? They've been holding four or five every summer for years!
A: Well, **when's the** next one? I'd like to go.
B: They have them every other week. Shall we go together?
B: Okay. **When's it** start?

A: 昨日はどこに行ったの？
B: シラー・パークの無料コンサートに行ってたの。
A: あそこ、無料コンサートやっているの？
B: そんなことも知らないの？ もう何年もだけど、夏に４、５回はやっているわよ。
A: へえ。次のはいつなの？ 行きたいな。
B: １週おきにやっているわ。いっしょに行く？
A: いいよ。何時に始まるの？

42… What のルール

Whatで始まる疑問詞は、末尾の t が 脱落したり変化することで、迷惑なことにも、多岐にわたって聴き取りにくいフレーズを作り出してくれます。音を聴いたとき、即座にフレーズが頭に浮かんでくるようになるまで、繰り返し CD を聴き込んでください。

[1] What の t 音が弾音化して、「ダ [ラ]」行の音に近い音になる。
[2] What の t が脱落することも多々ある。

練習1　❶〜❽のフレーズを CD で聴いてみよう！　CD 3-26

❶ **What I** ➡ ワダ [ラ] イ
……What の t 音と、次にくる I とが混じり、「ダ [ラ] イ」という音に変化する。

❷ **What are you** ➡ ワダ [ラ] ユ
……are は「ァ」、you は「ユ」と、短く弱く発音される。What の t 音は、ここでも「ダ [ラ]」行の音に近い発音に変わる。

❸ **What do you** ➡ ワッチュ
……What do you は、本来なら「ワドゥユ」と変化するが、これがさらに、「ワッチュ」と変化の度合いを増す場合も多い。

❹ **What did you** ➡ ワディジュ
……What の t 音がなくなる。did の末尾の d と you の y 音は、混じって「ジュ」と聴こえる。

❺ **What have you** ➡ ワダ [ラ] ヴユ
……What + have [ァヴ] で、「ワダ [ラ] ヴ」と聴こえる。

❻ **What's up** ➡ ワッサップ
……「ワッツアップ」が本来の変化。そこから、さらに t 音が脱落して、「ワッサップ」と聴こえる。

❼ **What's the** ➡ ワッサ
……「ワッツザ」が本来の変化だが、さらに t や th の音が抜け落ち、「ワッサ」と聴こえる。

Chapter 1　フレーズの発音変化　197

❽ What's that ➡ ワッサット

……「ワッツザット」が本来の変化だが、さらに t や th の音が抜け落ち、「ワッサット」と聴こえる。

練習 2　聴き取り大特訓！
音変化に注意しながら、次のセンテンスを聴き取ろう！　CD 3-27

❶ What I　　　　　　　　　　ワダ [ラ] イ

- **What I** want to know is, how much will it cost?
  私が知りたいのは、いくらかかるかってこと。
- That isn't **what I** meant.
  そういう意味で言ったんじゃないんだ。
- That's **what I** was trying to tell you!
  それを君に言おうとしていたんだ！
- I forget **what I** was going to say.
  なにを言おうとしてたか忘れちゃった。
- I don't remember **what I** told him.
  彼に話したことを覚えていないのです。

❷ What are you　　　　　　　ワダ [ラ] ユ

- **What are you** doing this weekend? Any plans?
  今週末どうしてるの？　予定はあるの？
- **What are you** going to say at the meeting?
  会議でなんて言うつもりの？
- **What are you** planning to wear to the party?
  パーティーになにを着ていくつもり？
- **What are you** making? It looks so good!
  なにを作ってるの？　すごくおいしそうだね！
- **What are you** going to buy?
  なにを買うつもり？

❸ What do you　　　　　　　　　　　　ワッチュ

- **What do you** think of my new shirt?
  僕の新しいシャツ、どう思う？
- **What do you** want for dinner tonight?
  今晩なにが食べたい？
- **What do you** miss most about living in New York?
  ニューヨークに住んでいたときのことで、なにがいちばん恋しい？
- **What do you** usually do on weekends?
  週末には、いつもなにをするの？
- **What do you** think of his attitude?
  彼の態度、どう思う？

❹ What did you　　　　　　　　　　　　ワディジュ

- **What did you** mean by that?
  いまの発言、どういう意味よ？
- **What did you** tell the client about their order?
  クライアントに、彼らの注文についてなんて言ったんだい？
- **What did you** write in your email to him?
  彼宛てのメールになんて書いたの？
- **What did you** decide to do?
  どうすることに決めたの？
- **What did you** give him for his birthday?
  彼の誕生日になにをあげたの？

❺ What have you　　　　　　　　　　　ワダ［ラ］ヴユ

- **What have you** finished already?
  すでに終わらせているのは、なんだい？
- **What have you** been up to recently?
  最近、どうしてるの？
- **What have you** done since I saw you last?
  前回会ってから、どんなことをしていたの？
- **What have you** learned from that experience?
  その経験から、どんなことを学びましたか？

- **What have you** realized about yourself?
  自分のことで気づいたことはなんですか？

❻ What's up　　　　　　　　　　　　ワッサップ

- **What's up** with him?
  彼、どうしたのさ？
- **What's up**? I haven't seen you in a long time.
  元気？ 長い間、会っていなかったね。
- **What's up** with that <u>outfit she's wearing</u>?
  彼女の着ている服、あれなに？
- **What's up** with you and your boyfriend?
  あなたとあなたの彼氏の間、どうなったの？
- **What's up** with this new dress code?
  この新しい服装規定、どうなっちゃってるのさ？

❼ What's the　　　　　　　　　　　　ワッサ

- **What's the** best restaurant you've ever been to?
  いままで行った中でいちばんよかったレストランはどこ？
- **What's the** closest station to here?
  ここの最寄り駅はどこですか？
- **What's the** main reason you chose this company?
  この会社を選んだいちばんの理由はなんですか？
- **What's the** best movie you've ever seen?
  いままでに観た中でいちばんよかった映画はなに？
- **What's the** best time to call you?
  君にはいつ電話するのがいちばんいいかな？

❽ What's that　　　　　　　　　　　　ワッサット

- **What's that** song you're always humming?
  いつもハミングしているあの歌はなに？
- **What's that** sound coming from the other room?
  別の部屋から聞こえるあの音はなに？
- **What's that** guy doing over there?
  あの男、あそこでなにをしているんだ？

- **What's that** thing in the corner of this picture?
  この絵の端っこにあるあれはなんだ？
- **What's that** on your shirt?
  あなたのシャツ、なにが着いているの？

Skit で聴いてみよう！

● 流行のシネマ

A: So, **what did you** think of the movie?
B: It wasn't **what I** was expecting, but it was okay, I guess.
A: That's surprising. It's getting great reviews.
B: Yeah, **what's up** with that? I didn't think it was anything special.
A: I guess I'll go see it anyway. **What's the** closest cinema where it's playing?
B: I think the one downtown. **What's that** big complex that just opened?

A: で、その映画、どう思ったの？
B: 期待していたのと違ったけど、まあよかったんじゃない。
A: それは意外ね。かなり好評なのよ。
B: へえ、それってどういうことだ？ そんなにたいしたことないと思ったけどね。
A: それでも観にいこうかな。上映しているいちばん近い映画館はどこかなあ？
B: 中心街にあるやつだと思うよ。最近オープンした大きな複合ビル、なんて言ったっけ？

43 ... How のルール

疑問詞 How で始まる文でも、音の脱落や、弱まり、混じり合いが多く起こり、日本人にはとても聴き取りづらい発音がなされます。極端な場合には、how は「ハ」としか発音されないこともあるので、特に聴き取りには注意が必要です。

[1] how は、短く弱く発音される。
[2] 「ハウ」というより、限りなく「ハ」だけに近い発音に聴こえる可能性もある。
[3] 後ろに、do や did などが変化した音がつながると、さらに聴き取りにくくなる。

練習1　❶～❾のフレーズを CD で聴いてみよう！ (CD 3-29)

❶ **How are you** ➡ ハウユ
……「ハウァユ」と、全体に短く、早く弱く読まれるが、さらに最も弱い「ァ」の部分が抜け落ち、「ハウユ」としか聴こえなくなる場合がある。

❷ **How do you** ➡ ハウドゥユ
……「ハウ」はすばやく読まれるので、「ハ」に近い音に聴こえがち。do［ドゥ］、you［ユ］も、短く早く弱い発音だ。you は「ヤ」と聴こえることもある。

❸ **How do I** ➡ ハウドゥアイ
……do は「ドゥ」と短く小さく発音される。全体が滑らかに連なり、「ハウドゥアイ」という発音になる。

❹ **How did you** ➡ ハウジュ
……「ハウディジュ」が本来の変化だが、真ん中の「ディ」まで抜け落ち、「ハウジュ」としか聴こえないことがある。

❺ **How did she** ➡ ハウドゥシ
……did は、短い d［ドゥ］の1音しか残らないことが多い。How'd she と発音されていると考えたほうが聴き取りやすいだろう。

❻ **How did they** ➡ ハウドゥゼィ
……⑤と同様に、did が d 音だけになって聴こえる。

❼ **How does it** ➡ ハウズィッ（ト）
……does は s [ズ] だけが残り、前後の語とつながるので、「ハウズィット」と聴こえる。そのとき、末尾の t が落ちてしまい、「ハウズィッ」と聴こえることも多い。How's it going? の How's it もこれと同じ発音になる。

❽ **How would you** ➡ ハゥウジュ
……would you は d + y の音が「ジュ」と変化する。

❾ **How have you** ➡ ハゥァヴユ／ハゥヴユ
……have は、とても弱くなり、h 音が抜けて「ァヴ」のように聴こえる。また、さらに have が弱まり、v の音だけしか残らないこともある。

練習 2　聴き取り大特訓！
音変化に注意しながら、次のセンテンスを聴き取ろう！

CD 3-30

❶ How are you　　　　ハウユ

・**How are you** going to spend your summer vacation?
夏休みはどうやって過ごすの？

・**How are you** getting along these days?
最近どうしてる？

・**How are you** coming along on that assignment?
割り当てのあの仕事、どうなってる？

・**How are you** feeling these last few days?
この数日、気分はどう？

・**How are you** planning on getting home?
どうやって家に帰る予定だい？

❷ How do you　　　　ハウドゥユ

・**How do you** feel about the new policy?
あの新しい方針についてどう思う？

・**How do you** stay so slim?
どうやったら、そんなにスリムでいられるの？

- **How do you** think he did in the interview?
  彼の面接の出来はどうだったと思う？
- **How do you** plan to spend your holiday?
  休暇はどうやって過ごすの？
- **How do you** know it was the same person?
  同じ人だったって、どうしてわかるのさ？

❸ How do I　　　　　　　　　　ハウドゥアイ

- **How do I** get this thing to work?
  これ、どうやったら動かせるの？
- **How do I** get to the hotel from the airport?
  空港からどうやってホテルまで行けばいいですか？
- **How do I** know you're being honest?
  あなたが正直に話しているということが、どうやったらわかるんですか？
- **How do I** say I'm hungry in Japanese?
  日本語で「おなかが空いた」ってどう言うの？
- **How do I** get this program to open?
  このソフトウェア、どうやって開くの？

❹ How did you　　　　　　　　　　ハウジュ

- **How did you** do on the test?
  テストはどうだった？
- **How did you** like Cancun?
  カンクンはどうだった？
- **How did you** feel when you heard you won?
  あなたが勝ったと聞いたときは、どういうお気持ちでしたか？
- **How did you** like the movie?
  その映画どうだった？
- **How did you** get here so quickly?
  どうやって、こんなに早くここに来られたの？

❺ How did she　　　　　　　　　　ハウドゥシ

- **How did she** do on the test?
  彼女のテストの出来はどうでした？

- **How did she** get here so quickly?
  彼女、どうやってそんなに早くここに来られたんだ？
- **How did she** like your idea?
  彼女、君のアイデアをどう思っていた？
- **How did she** think the interview went?
  彼女、面接はどうだったと思ってた？
- **How did she** know I would be here?
  僕がここにいるって、どうやって彼女にわかったのさ？

❻ How did they ハウドゥゼイ

- **How did they** know we were bluffing?
  僕たちがはったりをかけていたこと、どうして彼らにわかったんだ？
- **How did they** do such a great job on such a low budget?
  彼らは、あんなに少ない予算で、どうしてあんなにいい仕事ができたんだ？
- **How did they** get along without their best pitcher?
  いちばんいいピッチャーがいなくて、彼らはどう試合をしたんだ？
- **How did they** do in the second half?
  彼ら、後半戦は、どんな戦い方だった？
- **How did they** know we were planning to hire them?
  彼らを雇うつもりだって、どうして彼らにわかったの？

❼ How does it ハウズィッ（ト）

- **How does it** work? Can you show me?
  どうやって動くの？ 見せてくれる？
- **How does it** feel to be single again?
  また独身になって気分はどう？
- **How does it** stay so cool in here?
  ここはどうして、こんなに涼しいままなのかな？
- **How does it** sound on your computer?
  君のコンピュータではどう聞こえる？
- **How does it** look on me?
  この洋服、私に似合うかな？

❽ How would you　　　ハゥウジュ

- **How would you** like to go to the beach later?
  あとでビーチに行くのはどう？
- **How would you** feel about moving back to Kobe?
  神戸に戻るとしたら、どう思う？
- **How would you** deal with the situation?
  あなただったらこの状況にどう対応する？
- **How would you** like me to babysit your kids?
  どんなふうに子守りをしてほしいですか？
- **How would you** feel about an overseas assignment?
  海外赴任はどう思われます？

❾ How have you　　　ハゥァヴユ／ハゥヴユ

- **How have you** been?
  元気にしてましたか？
- **How have you** managed to stay so slim?
  どうやったら、そんなにスリムでいられるんですか？
- **How have you** been spending your time since you retired?
  定年退職してから、どうやって時間を過ごしているんですか？
- **How have you** been?
  元気にしてましたか？
- **How have you** managed to stay so slim?
  どうやったら、そんなにスリムでいられるんですか？
- **How have you** been spending your time since you retired?
  定年退職してから、どうやって時間を過ごしているんですか？

Skit で聴いてみよう！

● 娘の入学試験

A: Hi! **How's it** going?
B: Pretty good, thanks. **How have you** been?
A: Busy. I was helping my daughter prepare for her entrance tests.
B: That's nice. **How did she** do?
A: Really good. She got into the school she wanted.
B: Great! So, **how do you** feel about having a college student for a daughter?
A: Old!

A: やあ！元気？
B: 元気にやってるよ。ありがとう。君はどうしていたんだい？
A: 忙しくしていたわ。娘の入学試験の準備を手伝っていたのよね。
B: いいね。どうだった？
A: とてもよかったわ。希望どおりの学校に受かったのよ。
B: よかったなあ！で、大学生を娘にもつのはどういう気分だい？
A: 年を取った気がするわ！

Chapter 2
単語の発音変化

44 central のルール

　ここからは、単語の音声変化に着目しながら、英語の中で起こる音の変化をチェックしていきます。もちろん、ここで登場するルールは、単語のみならず、フレーズにも応用されることが多いものばかりですので、何度も耳慣らしを行って、発音の法則をしっかりと身につけておきましょう。
　最初は、central や instruct など、nt(e)r や str などの綴り＝音を含んだ単語の変化をチェックします。これらの発音は「～トラ」から「～チュラ」のように変化します。

● nt(e)r や str の音は「ンチュ～」、「スチュ～」と聴こえる。

練習1　❶～⓫ のフレーズを CD で聴いてみよう！ CD 3-32

❶ ce**ntr**al　　　➡ センチュロ（ー）
❷ co**ntr**ol　　　➡ コンチュロ（ー）
❸ e**ntr**ance　　➡ エンチュランス
❹ e**ntr**y　　　　➡ エンチュリ
❺ i**ntr**oduce　　➡ インチュロデュース
❻ u**ntr**ue　　　➡ アンチュルー
❼ de**str**oy　　　➡ デスチュロイ
❽ in**str**uct　　　➡ インスチュラクト
❾ re**str**aint　　　➡ リスチュレイント
❿ e**nter**ing　　　➡ エンチュリング
⓫ i**nter**ested　　➡ インチュレスティド

練習 2 聴き取り大特訓！
音変化に注意しながら、次のセンテンスを聴き取ろう！

CD 3-33

❶ central
センチュロ（ー）

- It's **centr**al location makes it perfect for commuters.
  そこは中心部にあるので、通勤者にはぴったりなんだ。

- His **centr**al point had to do with the environment.
  彼のおもな論点は環境に関することだった。

❷ control
コンチュロ（ー）

- He's a **contr**ol freak!
  彼はなんでもコントロールしないと気がすまない人なの！

- He's trying to **contr**ol me.
  彼は私をコントロールしようとしているのよ。

❸ entrance
エンチュランス

- The **entr**ance is over there.
  入り口はあちらです。

- The vending machine is next to the **entr**ance.
  自動販売機は入り口の隣にあります。

❹ entry
エンチュリ

- Please fill out your **entr**y form.
  参加希望用紙に記入してください。

- The **entr**y details are on the back.
  記入に関しての詳細は裏面にあります。

❺ introduce
インチュロデュース

- I want to i**ntr**oduce you to my friend.
  あなたを友達に紹介したいの。

- We want to i**ntr**oduce a new policy.
  新しい方針を導入したいと思う。

❻ untrue　　　アンチュルー

- That's **untr**ue, and you know it!
  それはほんとうのことではない。君もわかっているだろう！

- She was **untr**ue to me, and broke my heart.
  彼女は僕に対して不誠実だったから、僕はとても傷ついた。

❼ destroy　　　デスチュロイ

- That will de**str**oy the environment nearby.
  それは近隣の環境を破壊するよ。

- That loud guitar sound will de**str**oy the atmosphere.
  あのうるさいギターは雰囲気を台無しにするよ。

❽ instruct　　　インスチュラクト

- I will in**str**uct you how to use this.
  この使い方を説明します。

- Read the in**str**uctions carefully.
  説明書きをしっかりお読みください。

❾ restraint　　　リスチュレイント

- We need to show some re**str**aint.
  僕たち、少し慎むべきだよ。

- He writes with subtlety and re**str**aint.
  彼は繊細かつ控えめな書き方をする。

❿ entering　　　エンチュリング

- He will be **enter**ing university next year.
  彼は来年、大学に入る。.

- I saw her **enter**ing the building.
  彼女があの建物に入るところを見た。

⑪ interested

インチュレスティド

- I'm **inter**ested in what he has to say.
  彼がなにを言うのか興味がある。
- He didn't seem **inter**ested in going to the play.
  その芝居を観にいくのは、彼は興味がなさそうだった。

Skit...で聴いてみよう！

● 新しいショッピングモール

A: I think that new mall is going to be very popular!
B: Me too! It has a great ce**ntr**al location, and lots of good restaurants.
A: But why were there protesters at the e**ntr**y on opening day?
B: Some people think a big mall will de**str**oy the atmosphere of the neighborhood.
A: Hmmm. I'll be in**ter**ested to see how people feel now that it's open.

A: あの新しいモール、きっととても流行ると思うな。
B: 私もそう思うわ。中心的なところに位置しているし、いいレストランがたくさん入っているし。
A: でも、どうして開店日に入り口付近に抗議団体がいたの？
B: 大きなモールは地域の雰囲気を損なうと思っている人もいるのよ。
A: へえ。開店したいま、みんながどう思っているか、知りたいな。

45 rotten のルール

rotten [ラトゥン] は「腐った」という意味ですが、この単語のように tn [トゥン] という発音を含んだ語では、「トゥン」の最初の「トゥ」の音が、鼻から抜けるような「ん」の音に変化します（以下この音は平仮名で表記します）。その結果、rotten は、「ラんン」のように聴こえます。注意して CD を聴き、耳慣らししてみましょう。

● tn の発音は「トゥン」から「んン」に変わる。

練習 1　❶〜❿のフレーズを CD で聴いてみよう！　CD 3-35

❶ bu**tton** ➡ バんン
❷ cer**tain** ➡ サーんン
❸ co**tton** ➡ カんン
❹ ea**ten** ➡ イーんン
❺ cur**tain** ➡ クーんン
❻ foun**tain** ➡ ファウンんン
❼ go**tten** ➡ ガんン
❽ ki**tten** ➡ キんン
❾ moun**tain** ➡ マウンんン
❿ ro**tten** ➡ ラんン

練習2 聴き取り大特訓！
音変化に注意しながら、次のセンテンスを聴き取ろう！

CD 3-36

❶ button　　　　　　　　　　　　　　バンン

- I lost a bu**tton**!
  ボタンをなくしちゃった！
- He was wearing a campaign bu**tton**.
  彼は選挙運動のバッジをしていた。

❷ certain　　　　　　　　　　　　　サーんン

- He seemed very cer**tain** he was right.
  彼は自分が正しいと強く確信しているようだった。
- I'm cer**tain** you will enjoy it.
  絶対おもしろいと思うよ！

❸ cotton　　　　　　　　　　　　　カんン

- It was a co**tton** shirt.
  それはコットンのシャツだった。
- Co**tton** feels so comfortable in this weather.
  コットンっていまの陽気に着るととても気持ちがいいね。

❹ eaten　　　　　　　　　　　　　イーんン

- I haven't ea**ten** in a day.
  一日なにも食べていない。
- We haven't ea**ten** here for a long time.
  長い間、ここでは食事していない。

❺ curtain　　　　　　　　　　　　　クーんン

- Would you close the cur**tain**?
  カーテンを閉めてくれますか？
- I don't think the cur**tain** pattern matches the room.
  そのカーテンの柄、部屋と合わないと思うの。

❻ fountain　ファウンンン

- He was standing by the water foun**tain**.
  彼は水飲み場のそばに立っていた。
- Rome has so many beautiful foun**tain**s.
  ローマには美しい噴水がたくさんある。

❼ gotten　ガンン

- I've go**tten** used to it.
  それにはもう慣れたよ。
- It's go**tten** very cool all of a sudden.
  急にとても涼しくなったね。

❽ kitten　キンン

- I saw her playing with a ki**tten**.
  彼女が子猫と遊んでいるのを見た。
- She brought a stray ki**tten** home with her.
  彼女は迷子の子猫を連れて帰ってきた。

❾ mountain　マウンンン

- I'm heading to the moun**tain**s this weekend.
  今週末、山に行く予定だ。
- This moun**tain** air feels great!
  山の空気は気持ちいいね！

❿ rotten　ランン

- I had a ro**tten** time last summer!
  去年の夏は最悪だった！
- I don't think you should eat it. It looks ro**tten**.
  それ食べないほうがいいと思うわ。腐っているように見えるもの。

Skit で聴いてみよう！

● 耐えられない酷暑

CD 3-37

A: Oh, this has been a ro**tten** summer! Hot and humid every day!
B: Yeah. I've been living in Tokyo for ten years, and I still haven't go**tten** used to it.
A: Every time I walk past a foun**tain**, I just want to jump in!
B: I know. I put on a co**tton** shirt, and five minutes later it's damp with sweat!
A: This weekend, I'm definitely heading to the moun**tains** to cool off!

A: ああ、今年の夏は最悪だ！ 毎日暑いし、蒸してるし！
B: ええ。東京に住み始めて10年になるけど、まだ慣れないわ。
A: 噴水の前を通るたびに、飛び込みたくなるよ。
B: ホントね。木綿のシャツを着ても、5分後には汗でびっしょりだし。
A: 今週末は、絶対に山に行って涼んでやるからな！

46 ... **suddenly** のルール

suddenly（突然に）という単語はご存知ですね。この単語には、dn の発音が含まれていますが、この dn の音も「ンン」に近い音に変わります。

● dn の音は「ンン」に近い音に変化して聴こえる。

練習1　❶〜❿のフレーズを CD で聴いてみよう！　CD 3-38

❶ bur**den** ➡ バーンン
❷ forbi**dd**en ➡ フォービンン
❸ gar**den** ➡ ガーンン
❹ hi**dd**en ➡ ヒンン
❺ par**don** ➡ パーンン
❻ su**dd**en ➡ サンン
❼ su**dd**enly ➡ サンンリ
❽ woo**den** ➡ ウンン
❾ di**dn**'t ➡ ディンン
❿ har**den** ➡ ハーンン

練習 2　聴き取り大特訓！
音変化に注意しながら、次のセンテンスを聴き取ろう！

❶ burden　　　　　　　　　　　バーンン

- I hope it won't be too much of a bur**den** for you.
  あまりにもあなたの負担にならないといいのだけど。
- It's such a bur**den** having to do all this extra work!
  こんなにたくさん余計な仕事をしなくちゃならないのが、すごい重荷だ！

❷ forbidden　　　　　　　　　フォービンン

- It's forbi**dden** to smoke in the hallway.
  廊下でタバコを吸うのは禁止されている。
- We are forbi**dden** from talking about our former clients.
  前のクライアントの話をするのは禁止されている。

❸ garden　　　　　　　　　　　ガーンン

- He's working in the gar**den**.
  彼は庭で作業している。
- He grew it in his own gar**den**.
  それは、彼が自分の畑で育てたんだ。

❹ hidden　　　　　　　　　　　ヒンン

- There is a hi**dden** message on the back.
  裏に隠されたメッセージが載っている。
- She tried to keep her past hi**dden** from him.
  彼女は、自分の過去を彼に隠そうとした。

❺ pardon　　　　　　　　　　　パーンン

- I beg your par**don**?
  もう一度お願いします。
- Par**don** me, I need to come through.
  失礼。通してください。

❻ sudden　　　　　　　　　　　　サんン

- It happened all of a su**dd**en.
  それは突然に起こった。

- There was a su**dd**en clap of thunder.
  突然、雷の音がした。

❼ suddenly　　　　　　　　　　　サんンリ

- It happened so su**dd**enly I didn't notice it.
  あまりに突然、起こったから、気づきもしなかった。

- He su**dd**enly became very nervous.
  彼は急にとても緊張し始めた。

❽ wooden　　　　　　　　　　　　ウんン

- They sell mostly woo**den** furniture.
  あそこは、ほとんど木製の家具ばかり売っている。

- He gave me a woo**den** chair from his office.
  彼は、オフィスにあった木の椅子を私にくれた。

❾ didn't　　　　　　　　　　　　ディんン

- Why di**dn**'t you tell me you were married?
  結婚してるって、どうして言ってくれなかったの？

- Di**dn**'t you hear the latest report?
  最新の報道を聞かなかったの？

❿ harden　　　　　　　　　　　　ハーんン

- You have to give the glue an hour or so to har**den**.
  接着剤が固まるまで1時間ほど置いておかなくちゃだめだよ。

- I used to like girls like her, but I've har**den**ed my heart to them.
  以前はああいうタイプの女の子が好きだったけど、いまは、あの手の人たちに冷淡になってしまった。

Skit で聴いてみよう！

● 秘密の花園

A: Do you know about the secret gar**den**?
B: I've heard about it. It's forbi**dden** to go there, right?
A: Yes, but I went there! I found the hi**dden** entrance!
B: You did? Why di**dn**'t you take me with you?
A: I was going to call you, but su**dden**ly I heard footsteps, so I ran away!
B: How exciting! Next time, I want to go!

A: 秘密の庭園のこと、知ってる？
B: 聞いたことはあるよ。立ち入り禁止なんだろう？
A: そう、でも私、行ったのよ！秘密の入り口を見つけたの！
B: そうなの？なんで僕を連れていってくれなかったんだよ。
A: 電話しようと思ったんだけど、急に足音がしたから走って逃げたの！
B: すごいなー！今度は僕も行きたいよ！

47 … lastly と asked のルール

ここでは、子音が抜け落ちてしまう語について、聴き取りの練習をしましょう。tl の音が続く場合、t の音が脱落する傾向にあること、また、kt の音が続く場合、k の音が脱落する傾向にあることを覚え、耳慣らししていきましょう。

- tl の連続音では、前にある t の音がなくなってしまう。
- kt の連続音では、前にある k の音がなくなってしまう。

練習1 ❶〜⓫ のフレーズを CD で聴いてみよう！　CD 3-41

❶ cos**t**ly　　➡ コースリ
❷ direc**t**ly　➡ ディレクリ
❸ exac**t**ly　➡ エクザクリ
❹ firs**t**ly　　➡ フゥースリ
❺ las**t**ly　　➡ ラスリー
❻ perfec**t**ly　➡ プーフェクリ
❼ res**t**less　➡ レスレス
❽ as**ked**　　➡ アストゥ
❾ do**c**tor　　➡ ダター
❿ dete**c**tive　➡ ディテティヴ
⓫ pra**c**tice　➡ プラティス

練習2 聴き取り大特訓！
音変化に注意しながら、次のセンテンスを聴き取ろう！

❶ costly　　　　コースリ

- It will be more costly if we do it that way.
  そうやったら、もっと高くつくよ。
- I don't think it is as costly as it is in some countries.
  ほかの国に比べたら、そんなに高くないと思うよ。

❷ directly　　　　ディレクリ

- You should speak to him directly about it.
  それについては、彼と直接話したほうがいいと思うよ。
- I didn't talk to him directly, but I spoke to his secretary.
  彼と直接は話さなかったけど、彼の秘書と話したよ。

❸ exactly　　　　エクザクリ

- That's exactly my point!
  まさに、そこが僕の言わんとしているところなんだ！
- I don't know what time I'll arrive exactly.
  何時に到着するか、正確にはわからない。

❹ firstly　　　　フゥースリ

- Firstly, could you all take your seats?
  まずは、みなさまお座りください。
- Firstly we need to decide on a plan.
  われわれは、まずプランを立てないといけない。

❺ lastly　　　　ラスリー

- Lastly, we should discuss our future plans.
  最後にわれわれの今後の予定について話したほうがいいな。
- Lastly, remember to turn off all the lights and lock the door.
  最後に、すべての電気を消して、ドアをロックすることを忘れないでください。

❻ perfectly

プーフェクリ

- That was a difficult piece, but you sang it per**fect**ly.
  あれは難しい歌だったけど、君は完璧に歌いこなしたね。
- I was per**fect**ly happy during our time together.
  僕たちがいっしょにいたころ、僕はとても幸せだったよ。

❼ restless

レスレス

- I was feeling a little res**tl**ess, so I went outside.
  私は少し落ち着かない気持ちだったので、外に出た。
- She's acting really bored and res**tl**ess lately.
  彼女、最近とても退屈していて、そわそわして見える。

❽ asked

アストゥ

- I as**ked** him for directions.
  彼に道をたずねたんだ。
- I thought you already as**ked** him that.
  もうすでに、彼にそのことをきいたと思ってたよ。

❾ doctor

ダター

- I think I should see a do**ct**or.
  僕、医者に診てもらったほうがいいと思うんだ。
- The do**ct**or says you're going to be fine.
  お医者さんは、あなたがよくなると言っているわ。

❿ detective

ディテティヴ

- I love to read dete**ct**ive novels.
  探偵小説を読むのが大好きなの。
- A dete**ct**ive came by the office, asking a lot of questions.
  刑事が事務所に来て、いろんな質問をしていったぞ。

⑪ practice

プラティス

- You need to practice more often.
  君は、もっと練習するべきだよ。
- I'll meet you after practice.
  練習のあとに会おう。

Skit で聴いてみよう！

● 直接交渉

CD 3-43

A: It will be too costly to hire a lawyer.
B: Exactly! We can do this on our own.
A: Yes. We should just speak directly to the client about this matter.
B: I agree. Firstly, we just need them to hear our side of the story.
A: We have perfectly good reasons for feeling the way we do. I'm sure they will understand our position.

A: 弁護士を雇うのは、お金がかかりすぎるわよ。
B: そうなんだよ！ これは自分たちでできるはずだよ。
A: そうね。この問題について、クライアントと、直接、話すべきだと思うわ。
B: 同感だ。まず、こっちの立場を聞いてもらわないとだめだ。
A: 私たちがこう感じているのには、それ相応の理由があるのよ。先方にもきっとわかってもらえるわ。

48 friendly と winter のルール

　もう少し、単語の中の音声が脱落する代表的なパターンをチェックしておきましょう。ここでは、dl が連続する場合と、nt が連続する場合について練習を進めます。

- dl の音が連続するときは、前にある d の音が消える。
- nt の音が連続するときは、後ろにある t の音が消える。

練習1　❶～❾のフレーズを CD で聴いてみよう！　CD 3-44

❶ en**dl**ess　　　　　➡ エンレス

❷ frien**dl**y　　　　　➡ フレンリー

❸ cen**t**er　　　　　➡ セナー

❹ den**t**al　　　　　➡ デナル

❺ en**t**er**t**ainment　➡ エナテインメント

❻ hun**t**er　　　　　➡ ハナー

❼ incen**t**ive　　　　➡ インセニヴ

❽ in**t**ernational　　➡ イナーナショナル

❾ win**t**er　　　　　➡ ウィナー

練習 2	聴き取り大特訓！

音変化に注意しながら、次のセンテンスを聴き取ろう！

🎧 CD 3-45

❶ endless　　　　　　　　　エンレス

- There is an en**dl**ess variety of things to do in Chicago!
  シカゴでは、数えきれないくらいやることがあるよ！

- The speech seemed en**dl**ess!
  あのスピーチは終わらないかと思ったよ！

❷ friendly　　　　　　　　　フレンリー

- He didn't seem very frien**dl**y to me.
  彼は、私にあまりフレンドリーではなかった気がする。

- People are more frien**dl**y in small towns.
  小さい町の人たちのほうがフレンドリーだ。

❸ center　　　　　　　　　　セナー

- I don't understand this part in the ce**nt**er of the page.
  このページの真ん中の部分が理解できないな。

- That's him in the ce**nt**er of the picture.
  写真の中心にいるのが彼よ。

❹ dental　　　　　　　　　　デナル

- I have a de**nt**al appointment.
  歯医者の予約があるの。

- I have to go for a de**nt**al checkup.
  歯科検診に行かなくちゃならないんだ。

❺ entertainment　　　　　　エナテインメント

- We have many e**nt**ertainment choices compared to fifty years ago.
  50年前と比べると、私たちには娯楽の選択肢がたくさんある。

- She is one of the most powerful people in the entertainment business.
  彼女は、エンタテインメント産業の中で最も有力な人間のひとりだ。

❻ hunter　　　　ハナー

- Job hunters are finding things difficult right now.
  求職者は最近、苦労している。

- I'm a bargain hunter.
  私はバーゲン大好き人間なんです。

❼ incentive　　　　インセニヴ

- You have to give me an incentive to change jobs.
  私に転職したいと思わせるような動機をくださらないと。

- That's a great incentive to buy a car here.
  それは、ここで車を買いたいと思わせるとてもいい動機になる。

❽ international　　　　イナーナショナル

- The Olympics are an important international event.
  オリンピックはとても重要な国際イベントだ。

- That city has a very international atmosphere.
  その街は、とても国際的な雰囲気がある。

❾ winter　　　　ウィナー

- The winters here are much colder than where I come from.
  ここの冬は、私の出身地よりかなり寒い。

- I always catch a cold in the winter.
  私は冬になると必ず風邪をひく。

Skit で聴いてみよう！

● シカゴの印象

CD 3-46

A: Chicago is a very **int**ernational city.
B: Yes, and it has an en**dl**ess variety of e**nt**ertainment options.
A: Yeah. I live near the ce**nt**er of town, and I love it here!
B: I'm sure not crazy about the wi**nt**ers, though.
A: Me neither! That's the one ince**nt**ive I have to move after I retire.

A: シカゴはとても国際的な都市だね。
B: ええ、娯楽の選択肢が山のようにあるし。
A: そうだね。僕は街の中心に住んでいるけど、かなり気に入っているよ！
B: でも冬はあまり好きではないわね。
A: 僕もだな。それが定年退職後に引っ越す唯一の動機だね。

Chapter 2 単語の発音変化 229

49 ... lady と pretty のルール

lady や pretty のように、d ＋母音の組み合わせや、t ＋母音の組み合わせでは、t や d の音が、舌先を軽くはじく感じの「ダ［ラ］」行の音に似た発音に変化します。「プリティー」という音が、「プリディ［リ］ー」という感じに変化します。本書でも、すでに、いろいろな項目の中に登場していますので、振り返って復習しておくといいですね。

● t や d の後ろに母音が続くと、t や d が、弾けるような音に変わる。

練習1 ❶〜❾のフレーズを CD で聴いてみよう！ （CD 3-47）

❶ lea**d**er　➡ リーダ［ラ］ー
❷ la**dy**　➡ レイディ［リ］ー
❸ la**t**er　➡ レイダ［ラ］ー
❹ ligh**t**er　➡ ライダ［ラ］ー
❺ wri**t**er　➡ ライダ［ラ］ー
❻ wa**t**er　➡ ウォーダ［ラ］ー
❼ pre**tt**y　➡ プリディ［リ］ー
❽ be**tt**er　➡ ベダ［ラ］ー
❾ li**tt**le　➡ リドゥ［ル］

＊他の語とは異なり、t の後ろに子音が続く例。

練習2 聴き取り大特訓！
音変化に注意しながら、次のセンテンスを聴き取ろう！

❶ leader
リーダ〔ラ〕ー

- He's the team lea**der**.
  彼はチームのリーダーだ。
- We need someone who shows lea**der**ship.
  われわれにはリーダーシップをとってくれる人が必要だ。

❷ lady
レイディ〔リ〕ー

- Was that la**dy** your girlfriend?
  あの女の人、君のガールフレンド？
- It's La**die**s Night at the bar.
  あのバー、今晩はレディース・ナイトなんだ。

❸ later
レイダ〔ラ〕ー

- I'll come by a little bit la**ter**.
  もうちょっとあとで寄るよ。
- I'll have to take a la**ter** train.
  もうちょっとあとの電車に乗らないといけない。

❹ lighter
ライダ〔ラ〕ー

- I left my ligh**ter** on the train.
  ライターを電車に忘れてきた。
- Can I borrow your ligh**ter**?
  ライターを借りてもいい？

❺ writer
ライダ〔ラ〕ー

- He's a wri**ter** of mystery stories.
  彼はミステリー小説を書く人なんだ。
- She's the wri**ter** of the article I told you about.
  あの女の人が、以前話したあの記事を書いた人よ。

❻ water　　　　　　　　　　　ウォーダ [ラ] −

- Could I have a drink of wa**ter**?
  お水をいただけますか？
- Be careful. There's some wa**ter** on the floor.
  気をつけて。床に水があるから。

❼ pretty　　　　　　　　　　　プリディ [リ] −

- He seemed pre**tty** angry.
  彼、けっこう怒っているように見えたよ。
- I have to wake up pre**tty** early tomorrow.
  明日はけっこう早く起きなくてはならない。

❽ better　　　　　　　　　　　ベダ [ラ] −

- We'd be**tter** be heading home.
  もうそろそろ帰ったほうがいいな。
- You'd be**tter** go see a doctor.
  医者に診せたほうがいいよ。

❾ little　　　　　　　　　　　リドゥ [ル]

- I'm a li**ttle** tired from my trip.
  旅行でちょっと疲れているんだ。
- That's a li**ttle** too much wine for me.
  その量のワインは私にはちょっと多すぎるわ。

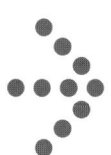

Skit で聴いてみよう！

● 勉強疲れ

A: You look a li**ttle** tired.
B: I was up until two studying last night. I'm pre**tty** wiped out!
A: You'd be**tter** lie down and rest a bit. Shall I bring you some wa**ter**?
B: That's okay. I'll drink something la**ter**. Right now I just want to rest.

A: あなた、ちょっと疲れているようね。
B: 昨日の夜、2時まで勉強していたんだ。かなり疲れたよ！
A: 横になって休んだほうがいいわよ。お水を持ってきてあげましょうか？
B: いや、いいよ。あとで飲むから。いまは、ただ休みたいんだ。

50 actually と suggest のルール

ここでは、2つの異なるルールをいっしょに紹介します。ひとつは、actually のように、「クチュ」や「クスチュ」という音を含む単語の音の変化。もうひとつは、suggest のように、破裂音＋子音（g + g など）の組み合わせで、破裂音が脱落するというルールです。

- 「クチュ」「クスチュ」という音は、「クシュ」「クスシュ」という音に変化する。
- 「破裂音」＋「子音」の組み合わせでは、「破裂音」が脱落する。

練習1　❶〜❿のフレーズを CD で聴いてみよう！

❶ actually　　　➡ アクシュアリー
❷ contractual　➡ コントラクシュアル
❸ lecture　　　➡ レクシャー
❹ mixture　　　➡ ミクスシャー
❺ picture　　　➡ ピクシャー
❻ texture　　　➡ テクスシャー
❼ subject　　　➡ サジェクト
❽ substitute　　➡ サスティテュート
❾ suggest　　　➡ サジェスト
❿ suggestion　➡ サジェスチョン

練習2 聴き取り大特訓！
音変化に注意しながら、次のセンテンスを聴き取ろう！

CD 3-51

❶ actually　　　アクシュアリー

- We're not a**ctu**ally twins, but we look alike.
  私たち、ほんとうは双子じゃないけど、よく似ているの。

- I wasn't a**ctu**ally planning on going.
  実際、行こうとは思っていなかったんだけど。

❷ contractual　　　コントラクシュアル

- We have a contra**ctu**al arrangement with another company.
  われわれは、別の会社と契約しています。

- There's a contra**ctu**al matter that we'll have to discuss.
  契約上の問題で、話し合わなくてはならないことがあります。

❸ lecture　　　レクシャー

- I don't want to sit through a boring le**ctu**re!
  つまらない講義の間、じっと座っているのはごめんだ！

- His le**ctu**res are always so interesting.
  彼の講義はいつもとても興味深い。

❹ mixture　　　ミクスシャー

- It's a mi**xtu**re of comedy and drama.
  それはコメディーとドラマを合わせた感じだ。

- It's a mi**xtu**re of cola, orange juice and whiskey.
  それは、コーラとオレンジジュースとウイスキーを混ぜたものよ。

❺ picture　　　ピクシャー

- Can I take your pi**ctu**re?
  あなたの写真を撮っていいですか？

- I can't find any good pi**ctu**res of me.
  自分の写真でいいのが全然見つからない。

❻ texture

テクスチャー

- I don't like the te**xtu**re of this bread.
  このパンの歯ごたえ、好きじゃないわ。

- The te**xtu**re of your shirt is so smooth and silky.
  あなたのシャツの肌触り、とてもすべすべして絹のようね。

❼ subject

サジェクト

- That was my favorite su**bj**ect in school.
  あれは学校でいちばん好きな科目だった。

- We can only look at one su**bj**ect at a time.
  テーマは一度にひとつずつしか調べられないよ。

❽ substitute

サスティテュート

- The su**bs**titute teacher was really good.
  あの代用教員はとてもよかった。

- They don't have the wine I wanted, but here's a good su**bs**titute.
  欲しいと思っていたワインがないけど、これは代用としてはけっこういいよ。

❾ suggest

サジェスト

- I su**gg**est we stop the meeting here.
  ここで会議を終わらせてはどうかと思います。

- Do you su**gg**est any good hotels in Miami?
  マイアミでお勧めのホテルはありますか？

❿ suggestion

サジェスチョン

- That's a great su**gg**estion!
  それはいい提案だね！

- Does anyone have a su**gg**estion?
  どなたか提案できる人はいますか？

Skit で聴いてみよう！

● いつもと違う講義

A: So, did you enjoy the le**ctu**re?
B: A**ctu**ally, yes, even though it was a su**bs**titute professor.
A: Sometimes that's good, for variety.
B: Yes. His approach to the su**bj**ect was different from the usual teacher.
A: That way you get a mi**xtu**re of ideas and opinions.
B: Exactly. It's easier to see the big pi**ctu**re when you hear different points of view.

A: 講義はおもしろかった？
B: 実は、けっこうよかったんだよ。代用教員だったにもかかわらずね。
A: そういうのも、たまには変化があっていいのよね。
B: うん。彼の主題へアプローチがいつもの教師と違っていてね。
A: そうすると、いろんなアイデアや意見を聞けるから。
B: そのとおり。いろんな視点を聞くと、もっと全体像が見やすくなるよね。

■ 著者略歴

長尾 和夫（Kazuo Nagao）

福岡県出身。南雲堂出版、アスク講談社、NOVA などで、大学英語教科書や語学系書籍・CD-ROM・Web サイトなどの編集・制作・執筆に携わる。現在、語学書籍の出版プロデュース・執筆・編集・翻訳などを行うアルファ・プラス・カフェ（www.alphapluscafe.com）を主宰。『英会話瞬換トレーニング』（DHC）、『とりあえず英語で 30 秒話す練習帳［日本紹介編］』（すばる舎）、『英語で自分をアピールできますか？』（角川グループパブリッシング）、『頭がいい人、悪い人の英語』（PHP 研究所）、『使ってはいけない英語』（河出書房新社）ほか、著訳書・編書は 190 点余りに及ぶ。『CNN English Express』（朝日出版社）、『English Journal』（アルク）など、雑誌媒体への寄稿や、ブログ（メルマガ）『Kaz & Andy の毎日の英会話』の執筆も行っている。

アンディ・バーガー（Andy Boerger）

米国出身。オハイオ州立大学で BFA を取得。サイマルアカデミー CTC（Corporate Training Center）やタイムライフ、アルク等での英語講師経験を活かし、A＋Café（アルファ・プラス・カフェ）の主要メンバーとして、多岐にわたる語学書籍の執筆に活躍中。主著に、『英文メールとにかく 100 語で書いてみる』（すばる舎）、『いざというときのトラベル英語カタコト会話帳』（すばる舎）、『激論 English』（DHC）、『英会話こう使ったらネイティブ流』（明日香出版社）、『ビジネスパワー英語入門 243』（PHP 研究所）などがあるほか、英字紙『The Daily Yomiuri』（読売新聞社）、『AERA English』（朝日新聞社）などのイラストも担当。

絶対『英語の耳』になる！リスニング 50 のルール

2008 年 11 月 10 日　第 1 刷発行
2010 年 8 月 10 日　第 7 刷発行

著　者　　長尾和夫　アンディ・バーガー
発行者　　前田俊秀
発行所　　株式会社三修社

〒 150-0001　東京都渋谷区神宮前 2-2-22
TEL 03-3405-4511　FAX 03-3405-4522
振替 00190-9-72758
http://www.sanshusha.co.jp/
編集担当　北村英治

印刷・製本　壮光舎印刷株式会社

©2008 A+Café　Printed in Japan
ISBN978-4-384-05528-3 C2082

Ⓡ〈日本複写権センター委託出版物〉
本書を無断で複写複製（コピー）することは、著作権法上の例外を除き、禁じられています。
本書をコピーされる場合は、事前に日本複写権センター（JRRC）の許諾を受けてください。
JRRC 〈http://www.jrrc.or.jp　e-mail : info@jrrc.or.jp　電話 : 03-3401-2382〉